回望近代中国

从洋务到五四

张连文　著

山西出版传媒集团
山西人民出版社

图书在版编目（CIP）数据

回望近代中国：从洋务到五四／张连文著．—太原：山西人民出版社，2019.8

ISBN 978-7-203-11052-1

Ⅰ．①回… Ⅱ．①张… Ⅲ．①中国历史－近代史－研究 Ⅳ．①K250.7

中国版本图书馆 CIP 数据核字（2019）第 168231 号

回望近代中国：从洋务到五四

著　　者： 张连文
责任编辑： 王新斐
复　　审： 贾　娟
终　　审： 秦继华
装帧设计： 陈　婷

出 版 者： 山西出版传媒集团·山西人民出版社
地　　址： 太原市建设南路 21 号
邮　　编： 030012
发行营销： 0351－4922220　4955996　4956039　4922127（传真）
天猫官网： http://sxrmcbs.tmall.com　　电话：0351－4922159
E－mail： sxskcb@163.com　发行部
sxskcb@126.com　总编室
网　　址： www.sxskcb.com

经 销 者： 山西出版传媒集团·山西人民出版社
承 印 厂： 山西辰昱印务有限公司

开　　本： 890mm×1240mm　1/32
印　　张： 8.625
字　　数： 250 千字
印　　数： 1—1000 册
版　　次： 2019 年 8 月　第 1 版
印　　次： 2019 年 8 月　第 1 次印刷
书　　号： ISBN 978-7-203-11052-1
定　　价： 58.00 元

自序

早就想写一本关于中国近代化方面的书，特别是在10年前诚恳地拜读完易中天先生的《帝国的终结》之后。只是一直以来都没有动笔，原因很多，简单来说就是很明白只有感性的冲动是不够的，认识到自己欠缺太多的知识涵养，远远不够支撑起一本书的框架和内容。

千里之行，始于足下。有想法还需行动，从2012年开始我多方面读涉关晚清的书籍，接触杨天石、马勇、张鸣、张宏杰等人的文字，一读之后就再也停不下来，读到2015年，还是不能动笔，从何处构思呢？我还得思考下去。

晚清政治的腐败是社会生产关系的必然结果，历史发展是有规律可循的。晚清帝国被外来势力侵略也反映了社会、经济、政治、文化落后的悲哀。前事不忘，后事之师，我们最终要释放出什么样的忠告，好把我们读到晚清那段历史的热血偾张的心情告诉他们，不管是我们身边的朋友还是素未谋面的人。

中国是一个历史悠久的国度，知识分子理应成为社会的警钟，认识到社会的走向，因为一切从历史的教育中来。特别在国势衰弱混乱的时代，国民的教育与觉醒就显得很重要。

要让农耕民族从灵魂深处萌生出时刻爱国的激情，谈何容易。谭嗣同希望以个人的死换来民众之觉醒以及为光绪皇帝的悲情作一注解，毕竟看热闹的观者众，升腾起革命血气的勇者少。儒家伦理影响下的千年忠恕忍让的民族之风，让我们已经习惯了平和的生活，依托103天的“维新”去改革政治大事，想尽快唤醒国民，谈何容易？鲁迅先生所谴责的国民劣根性，至今在我们的身上多少仍继承和延续着。19世纪中叶外国列强用坚船利炮打开我们紧锁的国门，迫使中华民族必须以开放的姿态去面对世界，在世界各民族激烈竞争的形势下，孔孟之道实难以抵挡帝国主义的强势入侵。

晚清政治家和全体国民应对的是华夏民族千年未有的大变局和大危机。晚清政治失败的责任应由当政者与全体国民一体承担。我国政治文化缺少对国民的批判与反思。面对以近代科学技术武装起来的帝国主义列强，弱小无依的百姓不足以担负起抵抗的重任。靠太平天国不能救中国，靠义和团的激情宣泄也不能救中国。历史在向前推进，把封建专制时代的社会秩序和政治制度都撇在身后，新的事物在产生，新的情势在出现，中国向着民主化、现代化的目标在行进。这是谁也无法抗拒的时代主流，向后看的、留恋旧时代的、走回头路的力量都要被狠狠碾碎在历史的车轮下面。

民国建立，封建时代的个体小农经济没有改变，农民所受到的封建剥削没有改变。民国成立以后，袁世凯称帝，北洋军阀轮流把持政权……我们为此又在呼号和奋争中过日子。袁世凯和北洋军阀最终一个个被消灭了，抗战中背叛民族、荼毒人民的社会黑恶势力，也已经受到最后的审判——这也正是我们回顾百年抗争史的缘故，也是明知道写这段历史已经被写得很多很好，我还是要把自己的文字写出来的缘故。大清帝国不只是革命党人推翻的，也是清朝贵族用自己的手掀翻的。

终结帝制是中国历史的大进步，这既是对一百多年前法国大革命的回应，也是对几个世纪之前英国工业革命的回应，是中国社会转型过程中一个无法回避的重要节点。

一百年过去了，回溯这一百年的进与退。实事求是地说，不论清帝退位后的中国怎样一度混乱，也不论在民主共和的道路上出现过多少次反复，中国往前走的决心不变，方向不变。我们在过去的一百年，已经大致构建了一个现代民族国家的基本框架，帝制时代已经永远离我们而去，我们知道必须有强的国才有强的家，必须把人民的利益放在首位，我们现在的政府就是这样做的，中国在新时代的发展要高歌猛进。

清史大家马勇说：“如果按照亨廷顿的分类，在我看来辛亥革命更像是协商的，体制内外在革命的威胁下形成的一种转型。体制内遇到了体制外革命的威胁，借助这个威胁把最强硬的那一派——贵族、清王室赶出局，体制外的革命者和他们交手打了几个回合，发现没有胜利的可能，财政力量不足，打不下去，于是向温和派靠拢。于是体制内外的温和派携手完成了一次转型，这就是辛亥革命。这就是按照亨廷顿的理论，又形成了一个转型。”我很赞同这个观点，历史的发展从来都是合力的结果，有时看似不合理，像两晋南北朝和五代十国的出现。

发展之路还须是提前认真想过的路，是为国家民族利益着想的路，为子孙后代挺起胸当堂堂正正的中国人着想的路。

书可以写到搁笔，但思考分析民族发展的想法不会终结，我爱自己的国家和民族，爱国从来就应该是每个人的事。

张连文

2017 年 12 月 25 日

目录

第一章　维新与革命之争

第二章 中国近代化的方向

第三章　民国初年的政治

第四章 中国近代化之路的反思

第一章 | 维新与革命之争

一　戊戌维新的往事

1895年的历史天空下，布满阴云。

中日甲午战争后，民族危机空前严重，《马关条约》签字后的第六天，俄、德、法干涉还辽，引来大清帝国政府再拿出3000万两白银给日本作为赎辽费用。甲午战争以前，大清帝国的财库已经困难到运作无筹的地步，每年收入仅为88909000两，每年支出多于收入，巨额赔付自行筹措已成为镜花水月，清政府只好弯腰低头向帝国主义国家举借贷款。于是出现了1895年“俄法借款”、1896年“英德借款”、1898年“英德续借款”三笔大借款总计三亿两，加上利息共计六亿多两，附带政治性条件的贷款不仅破坏了清政府的主权和财政，而且成为压在中国人民头上的负担。

经历三十多年的洋务风潮，中国民族资本主义也获得了初步发展。中国民族资产阶级上层和开明士绅登上历史舞台，主张对中国传统的政治、经济和思想文化进行资本主义模式的改革，以挽救民族危机，使国家臻于富强。这其中以康有为、梁启超为首的知识分子成为当时变革的领导力量。

康有为（1858—1927），原名祖诒，字广厦，号长素，广东南海人。地主官僚家庭出身。18岁时受业于江南名儒朱次琦，思想独立，喜好陆（象山）、王（阳明），而鄙弃程（颐）、朱（熹）。21岁游历香港，接触到西方资本主义文明，以为“西人治国有法度，不得以古旧之夷狄视之”，购买西书，倡导西学，走上探求救国真理的道路。

1884年，中法战争爆发，康有为目睹外侮侵凌、帝国政府政治腐败的事实，激发了变法维新的思想。1888年康乘赴京参加顺天乡试之机，第一次上书帝国皇帝，提出“变成法，通下情，慎左右”三策，请求光绪帝能够图治改革。由于顽固派把持朝政而难以上达，于是向南返回广州。1891年春，康有为在广州开办万木草堂，培养变法维新人才，先后得到梁启超、陈千秋等弟子数人。1895年春，晚清政府对日签订了丧权辱国的《马关条约》。消息传至北京，康有为、梁启超联络18省举子1300余人联名上书光绪皇帝，提出“拒和、迁都、变法”的主张，反对签订《马关条约》。上书在社会上激起广泛影响，资产阶级维新派正式登上历史舞台，维新思潮转变为实际的政治运动。

此后，康有为以“变法图强”为号召，先后在北京、上海组织强学会，发行《万国公报》（后改为《中外纪闻》）和《强学报》，宣传变法维新、救亡图存。1895年末，北京、上海强学会先后被封禁，《中外纪闻》《强学报》被迫停刊。维新变法已成为一种时代思潮。1896年，梁启超在上海创办

《时务报》，发表《变法通议》等重要文章；1897 年，严复在天津创办《国闻报》；1898 年，谭嗣同、唐才常等在湖南创办《湘报》。这些报刊以达尔文进化论为思想武器，警示民族危亡，呼吁国人“救亡图存”；揭露封建专制制度为中国落后的根源，鼓吹资产阶级民权思想，大力提倡新学。与此同时，维新派又在各地组织学会，创办学堂。据不完全统计，1895 年至 1898 年间，维新派创办学会、学堂、报馆等共 50 余所，出版报刊 30 余种，为维新运动高潮的到来，做了充足的舆论准备。

其时，中国民族资产阶级尚未形成独立的政治力量，维新派也迫切寻求政治上的依托。甲午战争后，帝党与维新派逐渐结合，强学会的成立成为两方结合的标志。

1897 年冬，从德国强占胶州湾开始，帝国主义列强掀起了在中国强占租借地、划分势力范围的狂潮。面对亡国危机，康有为再次从南方赶到北京，向光绪帝呈递了《上清帝第五书》，提出变法的上、中、下三策以供选择。上策是“采法俄、日以定国是”；中策是“大集群才而谋变政”；下策是“听信疆臣各自变法”。并提出“自兹国事付国会议行”，“采择万国律例，定宪法公私之分”等内容，涉及帝国内部中央政权体制的改革，体现了维新派追求资产阶级民权制度的政治理想。这次上书，因言辞激烈被顽固派阻格，未能上达。

1898 年 1 月，康有为上《应诏统筹全局折》（即《上清帝第六书》），提出变法纲领：一、“大誓群臣以革旧维新，而采天下舆论，取万国之良法”；二、“开制度局于宫中，征天下通才二十人为参与，将一切政事制度重新商定”；三、“设待诏所，许天下人上书”。其核心是第二款，设立制度局。

按照康有为的设想，制度局是一个指导全国变法的中枢机构，其职能是负责立法和议政；另立法律、税计、学校、农商、工务、矿政、铁路、邮政、造币、游历、社会、武备等十二专局，作为行政机构，具体执行制度局所议定之新政事宜。

同年 4 月，康有为在北京发起成立保国会，以“保国、保种、保教”为宗旨，又规定了总会和分会的组织系统、权限和职责、入会手续、会员权利和义务，已略具资产阶级政党规模。在保国会的推动下，各地纷纷建立御侮救亡性质的爱国团体，“维新变法”“救亡图存”已汇聚成为强大的时代潮流。

6 月 11 日，光绪帝发布“明定国是诏”，宣布变法维新，号召大小诸臣“以圣贤义理之学植其根本”“博采西学之切于时务者实力讲求”。自此，至 9 月 21 日慈禧重新宣布训政为止，光绪帝颁布维新法令，推行变法新政，共 103 天，史称“百日维新”。

尽管百日维新中颁布了 180 余道新政上谕，除湖南巡抚陈宝箴认真举办新政外，绝大多数督抚持观望态度，将赌注仍押在慈禧太后身上。维新党看到后党顽固派加紧政变准备，亦多方努力促成军事政变计划之实施。他们拉拢袁世凯，企图借袁氏之力诛杀荣禄，包围颐和园，劫持西太后，保护光绪帝，捍卫变法新政。光绪帝召见袁世凯，破格赏其侍郎头衔，以备不时之用；大量提拔维新人士，拟开懋勤殿制度；又定于9月20日召见日本前首相伊藤博文；维新派和帝党官员亦频频接触伊藤，上折请聘其为新政顾问官。这几件事引起了后党集团的极大疑忌，慈禧决定抢先在光绪接见伊藤之前发动政变。

9月18日，后党御史杨崇伊向慈禧上密折，请太后“即日训政”。后党实力派直隶总督荣禄于同日调兵遣将，为发动政变预做军事部署。维新派亦加紧行动，谭嗣同于当日夜访袁世凯，策动袁执行“杀（荣）禄锢后”计划。袁佯作应允，借托词延缓执行。19日，慈禧突然从颐和园回宫，发动政变，囚禁了光绪。20日，光绪在慈禧严密监视下，处理了两件原先预定的政务，一是召见袁世凯“请训”，二是召见伊藤博文。21日，慈禧假光绪帝名义，发布吁请太后训政的诏书，宣布第三次临朝训政，下令逮捕康有为和康广仁。袁世凯于20日“请训”后回津，立即向荣禄告密。24日，慈禧下令逮捕谭嗣同、杨锐、刘光第、林旭、杨深秀。28日，此五人与康广仁一起被杀于北京菜市口，史称“戊戌六君子”。康有为、梁启超逃亡日本。支持变法维新的官员陈宝箴、江标、黄遵宪、张荫桓等数十人或被捕入狱，或罢官，或遣戍。除京师大学堂和通商、惠工、重农、育才等洋务项目外，废除全部新政，戊戌变法失败。

其后，民主斗士康有为越来越远离时代，最终沦入保皇的绝境。在他沉沦的过程中，他的学生开始出现分化，有的不满乃师的迂阔，另辟蹊径，如梁启超；有的看破红尘，遁入空门，如曹泰；有的流落市井，甘做寓公，如徐勤；有的离开师门，不知所终，如何树龄。但更多的是和老师形影相随，休戚与共。

二　改革向哪里去

中国民族资本主义工业在洋务运动三十年间出现并渐趋壮大，其中在戊戌维新前后略有发展，到了辛亥革命前夜，仍弱小不足与恃，政治影响力极其有限。（杨天石：《国民党人与前期中华民国》，中国人民大学出版社，2007 年 7 月版，1—2 页）

甲午战争后，中国社会实际上有三股救亡力量存在，分别是康派维新人士，以孙中山为代表的革命人士，以及广大农民为组织的会党等社会力量。

戊戌运动中，康有为发起成立的京师“强学会”，成为最著名的学会，有明确的政治目标，组织形式和运转方式已带有政党的特点。所办报纸最初借用传教士主持的《万国公报》之名，经教会抗议，康有为等人将其更名为《强学报》。《强学报》以议论政治为主要内容，开启了维新运动言论新声，贡献极大。（马勇：《中国历史的侧面》，光明日报出版社，2014 年 1 月版，185 页）

“强学会几乎可以称作‘贵族俱乐部’，会员全部是高层知识分子和政府各级官员。工部主事康有为为负责人，文人梁启超是书记员，而会长则是户部郎中、军机处章京陈炽，会员包括文廷式、沈曾植、丁立均等帝国政府官员，其中还有后来成为中国近代著名军阀的徐世昌和袁世凯。”（王树增：《1901》，人民文学出版社，2011 年 4 月版，43 页）湖广总督张之洞、两江总督刘坤一和直隶总督王文韶——他们各捐了 5000 两银子，支持者还有光绪皇帝的师傅翁同龢。甚至连李鸿章也要求入会并表示捐款，由于“恶名昭著”而被坚定地拒绝了。“强学会”甚至得到了洋人们的支持，英国驻华公使欧格纳也在其中。“强学会”深深担忧着这个“俄北瞰，英西觇，法南瞵，日东眈，处四强邻之中而为中国，岌岌哉！”的老大帝国。“三州父子，分为异域之奴；杜陵弟妹，各衔乡关之痛。哭秦廷而无路，餐周粟而匪甘。矢成梁之家丁，则螳臂易成沙虫；觅泉明之桃源，则寸埃更无净土。”（汤志钧：《康有为政论集》上册，中华书局，1981 年 2 月版，165—166 页）强学会发动群众团结起来，向德国和日本学习。反对者只能通过政治手段指控康梁结党营私、经济贪占，学会最终遭到帝国政府查禁。查封“强学会”的旨意是慈禧强迫光绪以皇上的名义下达的。“强学会”被改称为“官书局”，《中外纪闻》变成了《官书局汇报》，学会人员大都被改组出局了。

西方资产阶级革命依靠的是新兴的商人阶层作为革命的主力，而这个阶层在现代商业不发达的清帝国时代根本肩负不起改革的使命。在中国最庞大的人口群体是农民，维新变革的口号或目的因为不能满足这个阶层的利益要求，自然不会被农民们所关注。

《马关条约》签订后，“中国进入维新时代，过去三十年管控过于严厉的社会得以释放，新的社会阶层得以产生，社会空间得以打开，维新、变法，成为中国人最乐于谈论的问题。”（马勇：《中国历史的侧面》，光明日报出版社，2014年1月版，213页）中国社会在迅速变化，铁路开始建设的速度和矿山开采的规模都在发展。

百日维新的基本思路无疑跳不开西太后的钦定方针，经济体制与政治体制的不配套，经济的发展受缚于传统的旧体制，导致的社会矛盾也越来越多。

同样西太后否定百日维新，主要出于维持个人集权的需要，“只有暂时通过对百日维新的直接否定，才能尽快地恢复正常的社会政治秩序。”（马勇：《大变革时代：1895—1915年的中国》，经济科学出版社，2013年1月版，158页）

三　李鸿章的时代

李鸿章（1823—1901），晚清名臣，安徽合肥人，号少荃（泉），世人多尊称李中堂，亦称李合肥，谥文忠。淮军、北洋水师的创始人和统帅，洋务运动的领袖，官至直隶总督兼北洋通商大臣，授文华殿大学士，曾代表清政府签订了《中法新约》《马关条约》等。

自 19 世纪 60 年代开始，李鸿章等汉族官员积极倡导通过学习西方兵工来训练和装备军队，洋务运动在华夏大地上开展起来。中国机械制造，近代的采矿、铁路、电报、轮船等从无到有，都离不开李鸿章的支持，在办新式学堂、派遣留学生方面，曾、李等汉族重臣更是不遗余力。“对洋务自强，他充满着信心；对残破的国家，他也从未丧失重整乾坤的自负。”（马勇：《中国历史的侧面》，光明日报出版社，2014 年 1 月版，213 页）

早在创建淮系军队的时候，李鸿章就显露出他与大清帝国官员们的迥异：对西方的科技和洋务活动很感兴趣。当淮军在惊恐中穿越布满太平军营垒的水道成功地进至上海以后，一举扫平了长江下游的太平军。李鸿章利用江淮富商的支持大肆购进机器设备，创办了中国第一个近代军工企业上海洋枪三局。

创办近代企业需要大量的财力，更需要新的思想和观念。李鸿章曾有一封介绍西学蒸汽动力运转原理的奏折：

“镟木、打眼、绞镙旋、铸弹诸机器，皆绾于汽炉，中盛水而下炽炭，水沸气满，开窍由铜喉达入气筒，筒中络一铁柱，随气升降俯仰，拨动铁轮，轮绾皮带，系绕轴心，彼此连缀，轮转则带旋，带旋则机动，仅资人力以发纵，不靠人力之运动。”顶戴花翎、脑后拖辫的李鸿章能够如此解释对中国人依然陌生的蒸汽机，令人起敬。

京杭运河淤塞严重，朝廷筹商通过海路来调运南北货物。加上当时外国轮船公司在中国投资航运业大获其利。李鸿章冲破阻力大胆买了三艘轮船投入航运，就这样轮船招商局在1873年成立起来。不久后，延请英国怡和洋行的大买办唐廷枢出任总办，宝顺洋行的买办徐润、商人朱其昂和李鸿章的幕僚盛宣怀出任会办。通过“官督商办”的经营方式，轮船招商局在几个广东买办商人手里发展起来。招商局一面要应对激烈的市场竞争，一面应对守旧势力将其拉回到官办状态的压力。在李鸿章坚守“商为承办、官为维持”原则的支持下，招商局与外商争利，通过艰难运营，加上与朝廷的关系逐步承揽了朝廷“官物”一半的运输量，最终在业务上挤垮了英美合办的旗昌公司。10年之间，通过致力经营，招商局终于稳住阵脚，货轮壮大为30余艘，装载量达到24000吨，

1877 年成功收购了旗昌公司的全部财产，包括各处的码头，实力超过英商怡和、太古两家轮船公司。（雷颐：《李鸿章与晚清四十年》，山西人民出版社，2008 年 1 月版，217—218 页）

洋人起初要在大清土地上运营电报业，朝野上下兼以为“电报之设，深入地下，横冲直撞，四通八达，地脉既绝……”李鸿章通过朝廷内斡旋，从大沽口到天津的第一条电报线开通。李鸿章知道电报业所蕴藏的军事和民用价值，同样利用“官督商办”方式，由大清帝国政府支持、民间筹款投资的电报公司成立。资金来自民间招募的商股，有时政府也预先垫款以作资本，但开办以后要陆续归还。企业的用人、行政和理财大权由洋务派委派的总办或督办掌握，一般商民无权过问。但企业盈亏“全归商认，与官无涉”，官款可以坐收“官利”，依靠官方的庇护。李鸿章称此举“事体重大，有裨国计民生，故需官为扶持并酌借官帑以助商力之不足”。

江南制造总局、轮船招商局在规模上都超过恩师曾国藩所请开创之企业，有助于帝国的工业化，也为政府财政提供了大量的资金。只是官督商办体制，由于从企业中随意抽离资金、冗员安插、长期的政策保护等因素的影响，导致企业暮气很重，随着外国势力的入侵和民族资本的兴起，大多洋务企业难逃悲剧命运。

19 世纪 70 年代以后，边疆、海疆的危机越发严重。李鸿章曾上奏说：“从来兵合则强，兵分则弱。中国边防、海防各万余里。若处处设备，非特无此饷力，亦且无此办法。

苟有铁路以利师行，则虽滇黔甘陇之远，不过十日可达。十八省防守之旅，皆可为（机动）游击之师。”

在千难万难中，李鸿章推动了铁路和海军建设。其中铁路建设从1877年上奏到1886年大清帝国正式发布宫廷文件称“（铁路）为自强要策……即可毅然兴办”，耗时近十年。

曾国藩曾经赞赏李鸿章说：“少荃天资于公牍最近，所拟奏咨函批，皆大过人处，将来建树非凡，或竟青出于蓝，亦未可知。”

作为中兴良臣，办洋务李中堂不愧为一把好手，很多东西以前没有，19世纪60年代以后都出现了。对于维护大清帝国的统治，洋务运动亦是一种维新，以期加固这一老旧王朝的存在。只是能臣作为皇权体制之下的玩偶，许多时候不由自主。于是在风雨飘摇的大清帝国，李鸿章风光一时，呈一时之兴。所谓兴也李中堂，败也李中堂。

李鸿章说：“我办了一辈子的事，练兵也，海军也，都是纸糊的老虎，何尝能实在放手办理？不过勉强涂饰，虚有其表，不揭破犹可敷衍一时。如一间破屋，由裱糊匠东补西贴，居然成是净室，虽明知为纸片糊裱，然究竟决不定里面是何等材料。即有小小风雨，打成几个窟窿，随时补葺，亦可支吾应付。乃必欲爽手扯破，又未预备何种修葺材料，何种改造方式，自然真相破露，不可收拾，但裱糊匠又何术能负其责？”

李鸿章曾给朋友的信中道出内心的苦闷：“书生们空谈误国，实在可叹。外国猖獗到了这个地步，不急切地求得国家富强，中国何以自立!”

繁忙中李鸿章一直没有放下对于西方文化的了解和学习，内心向往清帝国和华夏民族的繁荣富强。看到了中国落后于西方缘于科技和文化的落后，希望通过脚踏实地的努力，尽自己的力量，求得中国向好的方向改变。

甲午战后，李鸿章被解除直隶总督兼北洋大臣职务。他迅速成为千古罪人，引起各种指责，替大清帝国又一次背负起卖国的罪名。1900 年 6 月，八国联军攻略下的北京城，局势陷入一片混乱。慈禧“着李鸿章为全权大臣”，将李鸿章由两广总督重新调任直隶总督兼北洋大臣。1901 年 9 月，李鸿章代表大清帝国与德、日等 11 国签订辛丑条约。11 月，“久经患难，今当垂暮，复遭此变，忧郁成疾，已乖常度”的李鸿章在遗疏中留下这样的话：“和议新成，东事尚棘，根本至计，处处可虞。窃念多难兴邦，殷忧启圣。伏读迭次谕旨，举行新政，力图自强。”肝肠寸断，力劝新政，昭然跃目。

李鸿章死后，梁启超写道：“吾敬李鸿章之才，吾惜李鸿章之识，吾悲李鸿章之遇。”他的“才”“识”“遇”，其实也就是他“个人”与那个激烈动荡的时代、与那个江河日下的王朝的关系。

四　西太后那个女人

鸦片战争以后，中国逐步沦为一个半殖民地半封建的国家，内忧外患下，中华帝国“国事日蹙，国本动摇，土地沦于异族者，几乎达到三分之一”。（林家有：《孙中山与中国近代化道路研究》，广东教育出版社，1999 年 11 月版，40 页）

慈禧太后（1836—1908），叶赫那拉氏，乳名兰儿，安徽徽宁池广太道道台惠征女。1851 年选秀女入宫，号懿贵人，得咸丰皇帝宠幸，1854 年进封懿嫔。1856 年生子载淳。次年进位为“储秀宫懿贵妃”。晚清重要的政治人物，晚清帝国实际的统治者。

1861 年 8 月，咸丰帝病死于热河，遗诏立载淳为皇位继承人。怡亲王载垣、郑亲王端华、户部尚书肃顺等八人赞襄政务，年号“祺祥”。同年 11 月，“圣母皇太后”慈禧与恭亲王奕䜣发动政变，处置了肃顺等八大臣，改元同治，两宫太后垂帘听政控制了国家大权。此后，慈禧太后推行的对外和好、对内重用洋务集团和汉族官僚的政策，深刻地影响了晚清政局。

慈禧的上位具有很大的偶然性，前提是咸丰皇帝体弱多病、似乎太短命了一些。但话说回来，一个女人掌握大清命运达 47 年，这又似乎不能完全归结于运气。

其实，慈禧的上台有几个条件。

一是慈禧工于书法，又常常伴咸丰左右帮助他批阅奏章。由于离最高权力很近，慈禧掌握了一定处置朝政的能力，对权力的欲望更加强烈。“西宫优于才，而判阅奏章，裁决庶务，及诏对时咨询利弊，悉中穷会。”“辛酉政变”时，慈禧只有 26 岁，却具有相当老辣的政治手腕，先后利用打击恭亲王奕䜣，使其最终臣服于皇权之下。

二是辛酉政变后外国政府对帝国接班人的认可。政变发生以后，英国公使卜鲁斯给本国的咨文：“在过去十二个月中，造就了一个与之具有友好往来可能性的派别，有效地帮助这一派人掌权是一个非同小可的成就。我们在北京建立了令人满意的关系，在某种程度上已成为这个政府的顾问……”《北京条约》订立后，法、俄两国首先提出帮助清政府镇压太平天国的建议。法国专使葛罗表示，“所有该国停泊各港口的船只、兵丁悉听调遣”。其后俄国和美国也趋向示好，俄国协助部分武器，美国愿代为运送漕粮。

三是慈禧善于权术的灵活运用。政变期间，对权倾一时的恭亲王是一打，销毁百官与肃顺等赞襄大臣间的书信又是一拉。稳定北京局势之后，继续延续肃顺等人重用汉族官员的做法。

《湘军志》记载，1863 年 12 月曾国荃率湘军攻陷雨花台，所部五万人围天京（今南京），1864 年 4 月，曾国藩又调骆秉章的二十四个营增援，1864 年 7 月南京在被湘军曾国荃部围困半年后城破，太平天国失败。曾国藩的势力在达到极盛之时，请旨裁撤湘军大部，并严厉要求弟弟曾国荃主动隐退。这样化解了来自许多方面的猜测，更是使朝廷心安。

在帝制时代，皇权得以稳固的帝王术莫过于对朝臣的打压、分化和制衡，防止任何政治势力的独大。慈禧频频打压恭亲王是这样，利用左宗棠和李鸿章来制衡曾国藩也是如此。

李鸿章长期担任直隶总督兼北洋大臣，成为晚清政坛不倒之柱石，实与慈禧太后的支持密不可分。印鸾章在《清鉴》一书中说："（慈禧）听政之初，军事方亟。两宫仍师用肃顺等专任汉人策。内则以文祥、倭仁、沈桂芬等为相，外则以曾国藩、左宗棠、李鸿章等为将。自军政吏治，黜陟赏罚，无不咨询，故卒能削平大乱，开一代中兴之局。"（邢超：《致命的倔强：从洋务运动到甲午战争》，中国青年出版社，2013 年 7 月版，53—55 页）慈禧支持曾、李办洋务，支持恭亲王奕䜣设立天文算学馆的建议。洋务运动对中国走向近代化是有帮助的，所以慈禧对中国走向近代化产生过正面作用。

即使是维新运动，没有慈禧在一定程度上的支持，也是寸步难行，包括《明定国是诏》在内的不少"圣旨"下达前都经过慈禧审定首肯。康有为呈递的变法条陈和《俄彼得政变记》《日本变政考》均曾由光绪帝"恭呈慈览"。（孔祥吉：《百日维新失败原因新论》，《戊戌维新运动新探》，湖南人民出版社 1988 年，360 页）慈禧太后在《明定国是诏》颁布之前，曾给予六个字的意见："今宜专讲西学"。其后在诏书正式颁布前，翁同龢也做了一定的调和式的改动："以圣贤义理之学植其根本，又须博采西学之切于时务者，实力讲求"。也就是以老祖宗的学问作为基础，再学习西方学问中对中国有实际帮助的学问。这可以理解为在向西方学习上，慈禧是没有坚决阻止的意思，特别是在甲午战败之后。（杨天石：《晚清史事》，中国人民大学出版社，2007 年 7 月版，53—56 页）在维新势力主张废除八股文上，顽固派极力反对，西太后表示支持废除，可以看到针对老祖宗的东西，某些方面在慈禧太后那里也是可以改动的。关键是在她那里有一条底线，"凡所实行之新政，但不违背祖宗大法，无损满洲权势，即不阻止"。可以理解为一不能触碰她的权力，二不能伤害满洲贵族们的根本利益。之后发生了"礼部堂官"事件，吏部官员王照上奏建议光绪帝和慈禧太后一并出国考察，礼部堂官不支持上奏而且指责王照居心不轨。光绪皇帝知悉事情之后，认为礼部堂官们阻挠新政，进而罢免了礼部六位堂官。礼部尚书怀塔布把情况反映到慈禧和荣禄那里，引起了慈禧的警觉，她认为是光绪擅自作主，不和她商量，并回护满洲官员。

光绪帝本着急于亲政的愿望，挑战慈禧订立的不能擅自任命二品以上官员的权力规则，罢免了阻挠改革的礼部六堂官，任命杨锐、刘光第、林旭、谭嗣同四小军机参与新政事，请开懋勤殿试图架空军机处。光绪帝的做法激起了慈禧太后的强烈反感，紧急出手“冻结”了全部变法措施，把光绪帝软禁在“瀛台”，这一切并不能使太后释然，她决定废掉光绪。于是开始实施计划，第一步是让精通医理的人为皇帝看病；第二步公布光绪皇帝的病况和诊治方案，并送各国使馆；第三步选择端郡王载漪之子溥俊为将来的皇位继承人。此举作为一种试探，一开始就遭到部分官员和各国驻华使节的反对，更是以各国公使拒绝出席册封“大阿哥”的仪式而告失败。（杨天石：《晚清史事》，中国人民大学出版社，2007 年 7 月版，57 页）其后，慈禧太后对洋人很有意见，载漪因对洋人生恨而编造出公使要恢复光绪让慈禧退位的所谓照会。这些都成为 1900 年八国联军侵华的重要原因。《辛丑条约》签订了，外国军队进驻北京了，慈禧后悔与洋人开战了，把大量赔款给了联军。慈禧重新开始新政，这次的底线是预备立宪。

从 1861 年咸丰帝驾崩直到 1908 年慈禧去世，这个女人掌握中国最高权力达半个世纪之久。中国传统社会过分强调皇权至上，皇权一元化也是中国历史的铁律。我们无意过分抨击慈禧的专权弄势，在其执掌权力前期，有力地维持了古老帝国的稳定，对奕䜣、李鸿章等人开展的洋务运动也进行了支持；在其统治后期，表现为更加专权、守旧、贪图享乐，阻碍了中国社会政治的进步。对慈禧来说，频频的外来战争才使她走上推行新政的道路。这不仅是慈禧太后个人的悲剧，也是中国人在传统体制下所必然付出的代价。

五　张謇与他的实业救国

维新派的启蒙活动既得不到慈禧太后为首的后党的支持，也无法得到下层百姓的理解。但毕竟给人们思想带来大解放，这是维新派在一定程度上优于洋务派的地方。随着社会进化论、民主自由观等思潮进入中国，各种思想观点的宣传使人们耳目一新。（林家有：《孙中山与中国近代化道路研究》，广东教育出版社，1999 年 11 月版，288—291 页）

在晚清中国经历洋务运动和百日维新的过程中，有一个人曾经极大地影响着社会思想的走向，这个人便是张謇。

张謇（1853—1926），字季直，号啬庵，祖籍江苏常熟，生于江苏省海门市长乐镇。清末状元，主张“实业救国”。张謇一生创办了 20 多个纺织企业，为中国近代民族工业的兴起和教育事业的发展做出了卓越贡献，后世称其为“状元实业家”。

张謇成为中国晚清时代的科举状元，与帝师翁同龢的力荐有莫大关系。1885 年，张謇参加了顺天乡试，并考中举人。当时翁正担任副主考，曾对张謇称赞有加。只是此后张謇先后四次参加会试均遭失败。

1882 年朝鲜“壬午兵变”发生时，淮军将领吴长庆率兵进入朝鲜，张謇以主要幕僚身份随行。张謇撰写的《条陈朝鲜事宜疏》《壬午事略》等政论，条分缕析，受到政界高层人士的广泛关注。

吴长庆去世后，两广总督张之洞有意延揽张謇，托李鸿章转达其意。《张謇年谱甲申七月》记：“北洋又以粤督六月之托，属袁子久见招，子久并述北洋意，亦辞。”在罗致人才这一点上，李鸿章与翁同龢有一样的胸怀和眼光，认为张謇人才难得。

翁同龢（1830—1904），咸丰六年（1856）状元，官至协办大学士，户部尚书、军机大臣兼总理各国事务衙门大臣，为晚清清流派领袖。其父翁心存、兄翁同书皆为晚清重臣，翁心存、翁同龢父子更为两朝帝师，时称“一门四进士、一门三巡抚；父子大学士、父子尚书、父子帝师”。

翁同龢作为清流派领袖，与孙家鼐、文廷式、汪鸣銮等人形成帝党集团。李鸿章则为后党重臣。翁、李之争，说到底是帝、后两党政见之争。主战与主和，皆是出自国家利益，政见不一，这不能不说是一种历史的遗憾，又是无法逃避的必然。

淮军及北洋水师在甲午战争中的腐败震惊着张謇，连作为淮军和北洋最高统帅的李鸿章也哀叹：“半载以来，淮将守台守营者，毫无布置，遇敌即败，败即逃走，实天下后世大耻辱事。”

其实甲午战前，张謇认为李鸿章作为淮军首领多年，领衔战事，自非李氏莫属，提议对李“鞭策而用之”，掌军事。故最终甲午败绩，令他对李鸿章感到极度愤怒和失望。“以四朝元老，筹三省之海防，统胜兵精卒五十营，设机厂学堂六七处，历时二十年之久，用财数千万之多。一旦有事，但能漫为大言，胁制朝野；曾无一端立于可战之地，以善可和之局。稍有人理，能无痛心”。

甲午战败，对张謇而言，可谓百感交集，痛定思痛。张謇后来论及：“中国之大患，不在外侮之纷乘，而在自强之无实。”终于决然走上实业救国、教育救国的自强之路。

回顾甲午败绩深层原因，其实为二。一为腐败之专制政体，二为落后之国民素质。甲午败绩，是中国近代政治的转折点，也是大清帝国最后走向覆亡的导火线。

1895 年冬，张謇受两江总督张之洞委派，在通州、海门一带集资兴办纱厂，开始艰难创业。张謇认定“中国须振兴实业，其责任须在士大夫”。这一年，他由梁鼎芬介绍，列名上海强学会，对康、梁政治见解表示赞成。并受翁同龢委托草拟《京师大学堂办法》。1896 年初，张之洞奏派张謇、陆润庠、丁立瀛分别在通州、苏州、镇江设立商务局，张謇与陆润庠分别在南通和苏州创办了大生纱厂与苏纶纱厂。

1898 年春，张謇因事去京，以其多年政治历练，对康、梁晓以欲速不达之理，指出不要操之过急。为避免更深地卷入政治，他婉辞京师大学堂教习的奏派，匆匆离京，抵返南通操持大生纱厂。1899 年，中国首家民营纱厂大生开办投产。

从此，张謇对大生纱厂倾注了极大精力和心血，办厂过程中也关注民生疾苦。他认为贫穷的根源是愚昧，希望通过壮大实业，办学治愚。南通地区外来人口集散，张謇要利用实业的办法吸纳社会闲散人员，解决他们的衣食生存，同时也有效缓解了当地土地闲置的问题。他认为要达到国富民强，农业是基础，工业是根本。工业中至刚至黑的是钢铁，至柔至白的是纺织。张之洞发展了钢铁业，张謇要从发展纺织业入手。

1901 年、1904 年，李鸿章、翁同龢两位提携过张謇的大人物先后辞世。他们都期望张謇能够在临“三千年未有之大变局”的中国大地上，实现富民强国的宏伟蓝图。

通过张謇的努力经营，大生纱厂先后发展为四个厂。从 1899 年至 1913 年，大生纱厂共获净利约五百四十万两白银，发展成为拥有资本二百万两和六万七千纱锭的大厂。张謇以纱厂为核心辐射开来建立了通海垦牧公司生产原棉，建立了大达内河轮船公司、大生轮船公司、上海大达轮步公司来做航运，建立了钢铁厂、染织公司、盐业公司、面粉厂、酿酒厂、印刷厂等实业工厂。教育上，从基础教育到高等教育，从家庭教育到慈善教育，他把教育做到门类齐全。发展实业、开办学校、培育人才、发展公益、造福地方，他的“实业救国”之路虽不能挽救旧中国的危亡，但却有利于当时社会经济和文化的发展。

六　重呼君主立宪

世纪末，遭遇八国联军重创后的大清帝国政府，它的命运真可谓岌岌可危，一种从未有过的恐慌也成为当时国人心头最真切的感受。他们也似乎能隐约理解帝国政府答应议和条件的苦楚，只是那种不可名状的亡国感、危机感是如此强烈。整个社会，先是受到甲午战争的影响，接着是戊戌新政的败亡，再到庚子之变带来的大混乱，许多人面对社会的跌宕完全没有清晰的想法。

李鸿章已经声名倒地，关于甲午战败责任的争论仍在继续。只是这一切远远不能解决大清帝国所要面对的社会民众的责难。帝国政府内部的势力均衡受到了破坏，行政效率更为下降。（马勇：《大变革时代：1895—1915 年的中国》，经济科学出版社，2012 年 12 月版，108—110 页）

1901 年 1 月 19 日，流亡中的帝国政府发布变法诏书，称“世有万祀不易之常经，无一成不变之治法”。山东巡抚袁世凯 4 月 15 日上改革建议的奏疏。其后，张之洞、刘坤一联名上“江楚会奏变法三折”。

在一大批汉族官员袁世凯、刘坤一以及盛宣怀等人的坚持下，大清帝国再次走上学习西方的政治轨道，开启了新一轮政治变革。（马勇：《大变革时代：1895—1915年的中国》，经济科学出版社，2012年12月版，41—42页）

1851年的太平天国起义极大地震撼了晚清政府，给予帝国的主要军事力量八旗绿营毁灭性的打击，使大清帝国政府认识到不改变现有国家的政治、军事体制就无法生存，于是不得不分出一部分权力授予地方督抚。其后，汉族地方官僚集团的崛起既平灭了太平天国，客观上也成就了洋务运动。（马平安：《晚清变局下的中央与地方关系》，新世界出版社，2014年1月版，52—53页）

此次大清帝国政府重启新政，无异于重新认同了光绪帝、康有为等人的危机意识和维新意识。此一时彼一时，被迫认可与主动认可之间无论在意识上还是在效果上都是天壤的差别。（马勇：《大变革时代：1895—1915年的中国》，经济科学出版社，2012年12月版，166—168页）

慈禧的“新政”基本上是洋务派“中体西用”和维新派倡导君主立宪方案的二合一，只是在深度和广度上与之前的两次改革很不同，试图通过实施经济和政治的双重改革借以缓和各种矛盾，通过在一定程度上效法西方议会政治，推行君主立宪，拯救大清帝国的世系统治。

清末的新政在一定程度上是成功的，开启了官制改革、司法改革，成立了邮传部，出现了警察体系和城市管理的雏形，废除了科举。特别是随着政治变革不断推进，帝国政府的职能权限在收缩，自治的民间组织逐渐主导了社会风向。新政带来的这些新气象都在有序中进行着。这次变法超过了戊戌维新的深度和广度，国家整体上比较平稳，包括知识分子对科举的废除并没有大的不安和震动发生。

此后，民营工业进一步崛起。纱厂、缫丝厂、面粉厂在数量的增加上异常明显，周学熙创办的唐山启新洋灰公司、张謇的大生集团、荣氏兄弟的纱厂都成为当时杰出的企业。

此外，大清帝国也开始创办国有银行，开办了大清银行、交通银行、浙江兴业银行等近代银行。1905—1908 年间，民营工业增加了两倍有余，帝国的财政状况也大为好转。

政治革新虽然没有超出戊戌维新的社会政治蓝图，但它由“师夷”大跨步地走向“变法”，比洋务运动在深度和广度上走得更远。政治体制上没有大的转变，改革中出现了一些新的机构设置，如资政院、谘议局。它们的出现带动了中国近代政治体制改革。尽管这种改革有换汤不换药的嫌疑，表面形式大于实际功用，却触动了传统中最保守的东西，相对于旧的专制主义政治体制而言，无疑是一种历史的大进步。

七　五大臣出洋考察

1904年日俄战争，立宪的日本胜出，这恰恰给了当时中国朝野走向立宪改革一次巨大的刺激。谈到日俄战争的起因，与甲午中日战争有关，也与八国联军侵华战争有关。《马关条约》把辽东半岛这块肥肉喂给了日本，俄国伙同法德却生生地给掏了出来，日对俄早蓄报复之心。义和团运动期间，俄国乘机进占东三省，大有蠢蠢欲动图谋朝鲜之势，日方为此开始积极备战。1904年2月，日俄双方关于中国东北和朝鲜的谈判破裂后，战争就开始了。战争本身在李鸿章的意料之中，关键是战争的后果足够让中国人兴奋，那就是日本经历明治维新只有短短十数年，就以民权自由不充分的状态打败中国和俄国，让国人更相信立宪的效力，对立宪自由充满了新信仰。

社会上的报章杂志热烈鼓噪，社会名士张謇递书袁世凯声言“一专制当众立宪尚可幸乎”的时代，应该仿学伊藤支持立宪。驻法公使孙宝琦奏请帝国政府立宪，南方社会名士也开始唱和立宪。袁世凯、张之洞等封疆大吏联名电奏要求立宪。大清帝国最终下决心派要员出洋“考求一切政治”。

《泰晤士报》评论：“人民正奔走呼号要求改革，而改革是一定会到来的……”德国的著名汉学家福郎克在《科隆日报》上写道：“他们此次出洋是为了学习日本、美国和重要的欧洲国家的宪法、政治制度和经济体系，特别是有着极大的可能，将西方的宪法、政治制度和经济体系结合中国的情况移植到中国去。”

不过革命党人对帝国政府此次派人考察西洋宪政一事抱怀疑态度，这与他们本身与政府政见不相同有直接关系，他们是反对出洋的。所以，五大臣尚未离京就遭遇了革命党人吴樾的炸弹。

1905 年，革命杂志《醒狮》第一期宋教仁的文章《清太后之宪政谈》一文中说：清政府主要是因为不了解立宪才没有马上拒绝。

原定五大臣 1905 年 9 月从北京乘火车出发，当时的安排中还有新任军机大臣徐世昌和商部左丞绍英。不料革命党人吴樾的炸弹袭击，炸伤了五大臣中的三个。

1905 年，西方列强中最后一个专制政权——俄国也着手进行政治改革。这一切加快了光绪和慈禧的改革动作。当时徐世昌已被任命为巡警部尚书，绍英伤重，两人的位置由李盛铎和尚其亨补位。12 月 7 日，重组的五大臣出洋考察团从正阳门乘火车出发往上海换乘海轮。

12 月 19 日，清帝国钦差大臣戴鸿慈和端方率领的政府出洋考察团登上了停靠在上海吴淞口的美国太平洋邮船公司的巨型邮轮“西伯利亚”号驶向日本。

1906 年 1 月 14 日，由载泽、尚其亨、李盛铎率领的另一路中国政府出洋考察团乘坐法国轮船公司的“克利刀连”号也驶往了日本。

五大臣中载泽的身份是皇室宗亲，康熙的第六代重孙，被封为镇国公，出洋时尚未满 30 岁。户部右侍郎戴鸿慈，已经 52 岁。湖南巡抚端方，政声显著的地方大员。另两位，李盛铎时任驻比利时大使，尚其亨是山东布政使。

载泽团的路线是：中国上海—日本—美国（旧金山）—美国（纽约）—英国—法国—回英国—比利时—回法国—经苏伊士运河、吉布提、科伦坡、新加坡、西贡、中国香港—中国上海。

戴鸿慈、端方团的路线是：中国上海—日本—美国—英国—法国—德国—丹麦—瑞典—挪威—回德国—奥地利—匈牙利—俄国—荷兰—瑞士—意大利—经埃及赛得港、亚丁、锡兰（斯里兰卡）、新加坡、中国香港—中国上海。

戴鸿慈在《出使九国日记》中的总结，“以八月之内，历十五国之地，行十二万里之程”。

到了美国，中国考察团所到之处，美国民众无不倾城相告，空巷来观。中国代表团被人围观，在美国在欧洲都是这样。在瑞典，考察团经过的路上，市民们欢迎、唱歌、送花、挥帽致礼；在德国，当考察团游览德累斯顿的爱博河时，无数游人都停下来挥手致意。

这 15 个国家中，丹麦、挪威、瑞典、荷兰、瑞士五国都是听说后临时邀请考察团来访的。中国考察团在所到国家得到了最高规格接待。在日本，天皇接见；在美国，总统罗斯福安排款待；在英国，去白金汉宫觐见英国国王；在法国，总统设宴招待……

对于各国的接待，载泽有一个总结："日廷款接尚殷，法商欢迎殊盛，英为少简，比（利时）为最优。"

日本人确实接待得最为认真。除了天皇接见，日本的前首相、明治维新的元老伊藤博文还前来拜会了中国考察团。载泽与伊藤博文他们之前有过一场长谈。他们谈到了立宪原则、人民的言论自由、立宪国君主与政府的权力等。这场谈话，伊藤博文全部用英语作答，由中国考察团中的随员柏锐口译。

在英国，英国人对中国访问团的接待也相当细致。中国驻英大臣汪大燮专门聘请英国名家埃喜来为考察团讲解英国宪法。讲述内容涉及三权分立与君主权限、上议院与下议院、政府组织、选举制度，并边讲边安排参观访问。载泽在他的日记中曾做过详细记录。

回国后，戴鸿慈曾有过这样一番议论：美国是民主之国，但美国的民主选举，也伴随着弊端。而说到自由，大家都说自由就是不受压制为所欲为，而他看来，欧美的人民，相待以信、相接以礼，守法律、顾公德，每时每刻都是有约束的。这才是自由的真相——应该说，戴鸿慈对西方政治制度的观察，已经相当深入了。

眼下对于载泽、戴鸿慈等出洋五大臣来说，最要紧的事是说服帝国政府，尽快实行立宪。回到北京以后，他们接连上折，又亲见慈禧和光绪，面陈变革之必要。综合比较，归国后载泽团的上奏倾向于强调模仿日本政治体制，侧重于宪政的实践；端方团的上奏更侧重于宪政理论的阐释。

两路考察团对实行君主立宪之后的君主权限进行了考察，大抵认识到“君位尊严无对”，还是极力赞成君宪改革。在对美国、法国、意大利、英国的议会制度分别进行考察后，大致对议会的结构布局、议员选举、议会职能三个方面进行了考察。特别是端方回国后在两江总督任上主持参与了江苏谘议局的设立。此外考察团对中央与地方政府机制、司法制度、军事、教育、科学、文化、经济、社会生活多方面进行了考察，开启了大清帝国宪政改革的起点。

1906 年 9 月，大清帝国正式宣布预备立宪。但是革命风暴已经山雨欲来，没有从容改革的时间了。

八　迟来的立宪之路

1898年维新运动失败后，康梁出走日本流落异地，立宪运动进入低潮。在1904年之前，立宪运动只限于海外势单力薄的立宪派的舆论宣传，由于声势小，在国内影响有限。从1905年起，立宪运动骤然高涨，一个直接的原因就是，日俄战争中日本胜利，立宪派借此大做文章，声称日俄战争“非军队之竞争，乃政治之竞争。卒之日胜而俄败，专制立宪，得失皎然”，“此非日俄之战，而立宪、专制二政体之战也”。

对于灾难深重的近代中国民众来说，“立宪”的吸引力不在于对君权的限制，而是在于“救亡”的出路。更多的人相信立宪可以富国强兵、救亡图存，社会舆论和观念有了更多变化，所以立宪运动开始发展成为全国性的政治运动。

早在1905年1月，大臣杨枢奏请颁布“变法大纲”，认为“似宜仿效日本”定国家为立宪政体。6月以后，直隶总督袁世凯、两江总督周馥、湖广总督张之洞、两广总督岑春煊等先后上奏要求立宪，甚至提出以十二年为期。清帝国五位总督主张立宪，主张立宪的巡抚和驻外使节更多，军机大臣瞿鸿禨和奕劻也极力支持立宪。大清帝国政府7月16日发布谕旨，同意派员分赴东西洋各国考求一切政治。

中央的政治改革先天就受到专制政体的影响，采用碎步前进的方式行进。但在地方上，经过几年酝酿，积极投入立宪的步调中并掀起声势。1906年9月，大清帝国宣布“仿行立宪”，各地反响热烈。大江南北，一时之间，各种宪政团体应运而生。1907年10月，清帝国下令各省督抚可以根据省情自行设立谘议局，选拔公正贤达人士参与其中。这样做的目的有两个：一是为地方官绅参酌地方事务提供机会，筹划治安、讨论各省事务，为地方决策减少失误；二是为将来中央资政院的成立准备人才，也为各省选拔议员进入中央决策层提供机会。（马勇：《大变革时代：1895—1915年的中国》，经济科学出版社，2012年12月版，58—59页）

“士绅、市民和学生，还是相当兴奋，他们纷纷上街提灯庆祝，人们彻夜狂欢，高呼皇帝万岁，立宪万岁。”（张鸣：《辛亥：摇晃的中国》，广西师范大学出版社，2011年1月版，277页）二十二个行省除新疆外产生了二十一个谘议局，一种类似准议会性质的地方机构就这样产生了，尽管谘议局处理省级事务需提请督抚认可才能执行。

这些地方上德高望重的大人物，按地方人口比例被推举出来，并非真正民选产生。选民们的资格门槛高极了，二十五岁以上男子须达到下列条件之一：一是曾在本省地方较有效地办理学务及其他公益事业三年以上；二是秀才以上出身，获得过中学或以上学历；三是曾任文七品、武五品以上实缺职官；四是在本地拥有五千元以上不动产和营业资本，在外省寄籍拥有一万元以上不动产和营业资本。选民层层互选最后产生候选人，要求年满三十岁，识文断字，还有诸多道德条件限制。

作为准国家代议机构的中央资政院，其议员的一半由省谘议局向上推举，另一半由皇帝钦定，共二百人。与地方谘议局类似，可以制定除宪法之外的法律，决议国家财政预算，讨论税法公债等事务，最终的分歧交由皇帝裁决。虽然美国杂志《展望》极力称赞资政院为“最直言不讳地主张改革的机关”，但在革命党那里，看它无非是涂脂抹粉的工具而已。

筹备立宪运动，很重要的内容就是如何划分中央与地方权限。“中央与地方分权新模式一定能够重新确立，中央集权危机也势必能得到有效控制与克服。”（马勇：《中国历史的侧面》，光明日报出版社，2014 年 1 月版，185 页）不论后来的中国政治发展向何处走，载泽等人提出的改革思路是基本可行的，在某种程度上是当时中国大可一试的政治性选择。上谕说：“时处今日，唯有详细甄核，仿行宪政，大权统于朝廷，庶众公诸舆论，以立国家万年有道之基。但目前规制未备，民智未开，若操且从事，徒饰空文，何以对国民而昭大信？故廓清积弊，明定责成，必从官制入手。亟应先将官制分别议定，次第更张，并将各项法律，详慎厘订。”（朱寿朋：《光绪朝东华录》，中华书局，2016 年 1 月版，5564 页）如果照此发展，将官制改革进行下去，将中央与地方的权限重加规范，有助于进一步解决中央集权严重危机。

不过，作为“家天下”政府的清帝国势必在根本性问题上，不大肯积极做出实质性让步。

实质上说谘议局和资政院毕竟不是议会，不能真正制定宪法，不能由议会多数党组阁，但士绅集团第一次发出自己的声音，试图去改变中国政治传统的模式和走向。（张鸣：《辛亥：摇晃的中国》，广西师范大学出版社，2011 年 1 月版，280 页）

中央资政院的设计，钦选议员占多数出于大清帝国政府一种无害化的考虑。只是，作为文化精英的地方士绅们对于读书人的人格，还是在意的。他们不会只愿意成为无原则的工具被使用，关键时候还会投出弃权票。所以，钦选议员并不一定在所有场合总占优势。

1906 年秋，两路考察团回国后向帝国政府汇报建言，强调君主立宪政体利于君利于民，只是不利于官，是最好的制度，有利于皇位永固、有利于外患渐轻、有利于消弭内乱。

再分析东西洋主要立宪国家的政治，认为美国是以工商立国民权发展程度高的国家，英国设官分职复杂也不适合中国。与中国国情相似容易学习的只有日本。日本以立宪之精神实行中央集权主义，政治决策上最与中国接近。这些都是促使大清帝国仿行立宪的原因，只是对慈禧太后来说，九年后怎么样，自有后辈去折腾了，眼下不影响自己行使权力看戏行乐就行了。

大清帝国的立宪运动对知识精英们影响最强烈。梁漱溟说，立宪人士在当时坚信康有为、梁启超等人为中国选择的君主立宪之路。1907 年梁启超和蒋智由、陈景仁在日本东京成立了政闻社。政闻社在海外主要从事保皇活动，在国内主要是参与国会请愿运动。11 月间，黄可权、张嘉森（张君劢）曾到上海组织国会期成会。次年 7 月，在各省请愿高潮中，陈景仁电奏大清帝国要求三年召集国会，触怒了西太后等顽固派，不仅陈景仁被革职，8 月 13 日政闻社也被查禁。

谈到请开国会运动，杨度最早在 1906 年写的《中国新报叙》里就提出了这个问题。1907 年春，杨度写信给梁启超提到要将民众的关注点放到请开国会上。1907 年秋，宪政讲习会会长熊范舆和沈钧儒等人领衔给大清帝国上了第一份要求速开国会的请愿书，把立宪派关于开国会的理由和国会的职能都明确提了出来，提出要防止革命“祸乱”，必须开设国会，真正实行立宪，在中国存亡之秋，要缓解内忧外患，要一两年内就开设国会。从 1907 年冬到 1908 年夏，先后有黑龙江巡抚程德全、两江总督端方、河南巡抚林绍年等人上奏请速开国会。驻外使臣孙宝琦、胡惟德、李家驹等人也电奏请开国会。一时之间，全国上下，请开国会成为一种时髦的社会议论。北京旗人中也有一千五百人签名上书请开国会。郑孝胥、张謇等人在运动进入高潮时领衔发表请愿电。

1908 年，中国政治改革的九年立宪清单终于发布，只是当《钦定宪法大纲》发布之后，原来的领导班底光绪帝、慈禧太后相继死亡，领导权让给一个比较弱势的组合——年轻的摄政王与光绪帝的遗孀隆裕太后。弱势的新班底渐渐脱离了既定轨道，政治改革渐渐陷入困境。面对历史潮流，年轻的摄政王载沣和隆裕太后采取能拖则拖的行事做法，坚守9年立宪之期。在一个救亡的时代，爱国者要救的是国家民族的衰亡，大清帝国要救的只是政权和皇权的衰亡。当改革危及专制皇权的利益时，当权者只能也必须由改革者沦为顽固派。（易中天：《帝国的终结》，复旦大学出版社，2007年11月版，266—267页）

清政府开始搞改革时姿态很消极，但随着时间的流逝，特别是在日俄战争之后，它对改革的活动就越来越认真了。换言之，改革是为了保住清王朝。（费正清）

1909年的选举动员了几乎200万非官员精英。“墙倒众人推”！众人推的方向是完全一致的，方法也完全相同，只是你推你的、我推我的罢了——这便是清朝末年，中国革命运动的形势和性质。（唐德刚）

1909年9月4日，中日达成《中韩界务条款》，又称《间岛协约》。日本承认延边地区为中国领土，试图换取在东三省修筑铁路开采矿山的正当权利。大清帝国政府也想利用条约解决东三省主权及开发问题，以减少中日纷争。

在立宪党人看来，这个协约会带来日本殖民势力在东北的扩张，而且严重侵犯了中国主权。中日外交危机引发国内局势动荡，也加剧了立宪党人救亡的强烈意识，国会请愿运动变得风起云涌，要求帝国政府改变九年预备立宪日程的呼声越发强烈。

根据九年立宪日程，资政院将于1910年10月3日正式开院。作为准议会性质的机构，资政院的议员包括皇帝钦选的宗室王公16人，满汉公卿大臣12人，外藩王公14人，远支宗室6人，各部院大臣32人，大牌儒学大师及纳税多的人士各10人，总计100人；民选议员100人，由各省谘议局推选。资政院完全有议政的职能，负责议定政府财政收支，制定相关法规，弹劾渎职大臣，在本质上只是皇帝的御用机构。

根据梁启超的看法：从君主专制向君主立宪过渡是中国唯一的出路，中国不会马上就过渡到这一政治形态，但必须为此一形态准备条件。（马勇：《大变革时代：1895—1915年的中国》，经济科学出版社，2012年12月版，49页）立宪人士们认识到中国必须建立一个能够让国内各阶层代表表达意见的立宪政府，以密切统治者和被统治者之间的关系。

晚清十年宪政实验曾经给善良的中国人带来一丝希望。袁世凯通过梁士诒、唐绍仪等人向帝国政府建言加快立宪进程，以政治改革方式去化解南方危机。（马勇：《大变革时代：1895—1915年的中国》，经济科学出版社，2012年12月版，70页）

九　糟糕的“皇族内阁”

1908年，大清帝国正式颁布《钦定宪法大纲》，各省设立谘议局，中央成立资政院，产生了中国近代史上第一个宪法性文件《钦定宪法大纲》。

1910年，经张謇发起，十六省谘议局代表齐集北京，掀起速开国会运动，发动了三次大规模的请愿运动，先后签名请愿的人数达十万之多。江苏谘议局议长张謇同江苏巡抚瑞瀓商议：由张謇出面联络各省谘议局，由瑞瀓出面联络各省督抚，呼吁帝国政府速开国会。

先前大清帝国最终同意预备立宪，最终目的还是建立一个更迎合时政的体制。如今的北京，国会请愿运动在轰轰烈烈进行。此次来京的十六省代表共五十多名，组成了请愿代表团，公推孙洪伊为领衔代表。10月20日，东三省总督锡良报告了日俄两国在东三省的动态，建议帝国政府保卫东三省利益。25日，锡良与湖广总督瑞瀓、两广总督袁树勋、云贵总督李经羲、伊犁将军广福、江苏巡抚程德全、安徽巡抚朱家宝、山东巡抚孙宝琦、山西巡抚丁宝铨、河南巡抚宝棻等联名致电帝国政府，要求立即组织内阁，定次年召开国会。各地封疆大吏和朝廷重臣们的举动无疑是对国会请愿运动的有力支持，也使摄政王倍感压力。载沣在当天接见请愿代表孙洪伊时表示，当下并不具备召集正式国会的条件，依然相信立宪需要预备和各方面有序化的参与，假如资政院就此做出准备改变既定日程的新决定，那么他个人会尊重资政院，尊重人民。

26 日，资政院做出新决定，奏请帝国政府速开国会。摄政王在 28 日宣布将此问题提交给政务处王大臣会议讨论。11 月 3 日，摄政王如约主持政务处王大臣会议，详尽讨论国会请愿代表团、各省谘议局联合会、督抚大员所提出的速开建议，达成适度加快立宪步伐、缩短预备立宪时间、尽早召集正式国会的共识。次日帝国政府将立宪九年预备期缩短为五年，这样正式国会的召集将前移至 1913 年。

这样的决议其实已经考虑到了中国的政治实际，根据调整后的日程，大清帝国于 11 月 12 日向民政部、度支部、法部、学部等衙门下达指示，要求这些衙门按照调整后的规划安排各自事宜。浙江、江苏等地的请愿代表对朝廷的答复没有异议，劝说请愿代表尽快离开北京。不过也有不少人认为既然已经缩短时间，不如干脆一步到位。

其实早在甲午战争前，一些聪明的政治家就认识到西方富强的根本在其政治架构和权力的分享与制衡。只是对于君主主导或领导下的权力分享，大清帝国真的没有做好心理准备。呼吁速开国会的民众谁也没有细想过，权力集中有时候正是帝国政府效率上的一种保证。

当第三次国会请愿运动发生时，立宪党人强烈要求摄政王当机立断，速开国会。对于地方督抚和各地立宪党人的呼吁，大清帝国于11月4日宣布，将九年预备立宪期限缩短为五年，可以先期组织责任内阁。

11月9日，山东巡抚孙宝琦呈请，呼吁朝廷速开国会。12月9日，东三省总督锡良代言奉省绅民呼吁，强调即开国会设内阁是大局扭转的关键，是防止东三省版图完整的唯一办法。各地绅民乃至学生速开国会设内阁的呼声高涨异常，各种各样的请愿运动也是风起云涌。

1911年5月，大清帝国成立“责任内阁”，内阁总理大臣奕劻（皇族）、民政大臣善耆（皇族）、镇国公度支大臣载泽（皇族）、海军大臣载洵（皇族）、农工商大臣溥伦（皇族）、内阁协理大臣那桐（满）、内阁协理大臣徐世昌（汉）、外务大臣梁敦彦（汉）、学务大臣唐景崇（汉）、陆军大臣荫昌（满），成员多为皇室贵族。十大部院加上总理大臣、协理大臣共计13人，竟然有皇族出身的五人、宗室一人、满洲贵族二人，留给汉人的名额只有四人。被称为“皇族内阁”。

谘议局联合会很快向都察院递交了一份抗议书，明白表示皇族内阁与君主立宪政体有不能相容的性质，要求朝廷迅速改正，尽快于皇族之外选派大臣重组责任内阁。

对于各界要求，朝廷这一次似乎不准备让步了，先是严肃训斥孙宝琦的建议太过荒唐，紧接着发布一个上谕，对《钦定宪法大纲》给予重新解释，以为即便实行了君主立宪，黜陟百司的权力仍然归属于君主，议员不得干预，以为这才是君主立宪的本旨。

皇族内阁出现把所有人都欺骗了。当年立宪派在资政院弹劾军机处的时候，曾经希望成立由资政院选举的责任内阁。清末的内阁却是政府包办，十三个阁员中九个旗人，又有七个是皇族。状元企业家张謇亲自来北京，希望通过庆亲王奕劻劝说摄政王载沣重新改过，但被强硬拒绝了。张謇这个原本激烈反对革命的人，似乎对这个政府失去了最后的信心。

皇族内阁的出台激起了立宪党人的群体反对，他们警告摄政王当此国家危难之际，重用汉大臣对于帝国来说比固守皇权更有意义。此时的帝国政府已经积重难返，朝廷的强硬态度使立宪党人失望非常，使他们突然觉得还是孙中山等革命党人说得对，在涉及政治权力根本的时候，清帝国终于露出了不愿分享权力的真面目，一直在进行假立宪。这也是此后在长达五个月的时间里，皇族内阁无法废除的原因。出于强烈不满，一部分立宪派人士从幻想帝国重塑政治的行列中分离出来，从此转向了革命阵营。

十　孙中山的出场

孙中山（1866—1925），名文，字载之，号逸仙，化名中山樵，常以中山为名。出生于广东省香山县（今中山市）翠亨村的农民家庭。青少年时代就向往太平天国的革命事业。孙中山是中国近代民族民主主义革命的开拓者和中国民主革命的伟大先行者。作为中华民国和中国国民党的缔造者，孙中山倡导三民主义，创立《五权宪法》。他首举彻底反封建的旗帜，“起共和而终二千年帝制”。

1895 年，面对甲午战败的事实，多少中国人无法接受蕞尔小国战胜堂堂中华帝国的事实。

孙中山经历的教育以西式为主，且时间较长。他小的时候读过村塾，限于家庭环境的贫弱，并没有打算通过科举谋求仕途上的发展。在《致郑藻如书》中孙中山这样说道：“某今年二十有四矣，生而贫，既不能学八股以博科名，又无力纳粟以登仕版。”

翠亨位于珠三角地区，是一个异常贫穷的农村，全村七十户人家中，孙姓只占六七户。孙中山祖父孙敬贤和父亲孙达成都是没有土地的佃耕农，生活贫困并深受乡里欺凌。1871 年，夏威夷政府招募华工，哥哥孙眉随同村地主程名桂去了美国檀香山农牧场当工人，逐步积攒财富并支持家里生活。

1878 年，在哥哥孙眉的帮助下，年仅 11 岁的孙文远渡重洋来到夏威夷群岛，先后在檀香山和香港求学。海外生活不仅使孙中山大开眼界，而且对西式文明产生了极大好感。檀香山 4 年多的生活，孙中山较系统地接受了西式的科学文化和资产阶级人文科学。孙中山目睹了夏威夷当地的社会状况，看到普通民众为赢取民族独立而开展反对美国兼并的斗争，在他的头脑中逐渐萌生了民族主义和民生主义的思想。

1886 年，孙中山从中央书院毕业后，进入广州博济附设的南华医学堂改学医学，“由医人而医国，借医术为入世之媒”。1887 年，孙中山转学香港西医书院。在西医书院念书的五年，孙中山几乎把所有的课余时间都用在了宣传革命和策划革命上。

1890 年，怀着爱国热情的孙中山给香山籍退职官员郑藻如写信，主张效法西方进行改良，倡农桑、禁鸦片、设学校，这是他最早的革新想法。

1892 年，孙中山从西医书院毕业后，先是在澳门镜湖医院行医治病，之后在广东香山开设了东西药局。真正推动孙中山产生革命思想的是当时最严重的民族危机。不过，谈论革命和从事革命之间还是有很大距离的。在孙中山周围给予他较大影响的人，基本上改良主义者占多数。何启是孙中山求过学的西医书院的创始人。郑观应作为孙的同乡，孙中山求学期间曾与他探讨过时政问题。

1894 年夏，孙中山为了实现他“富强之国”的目标，专程赴天津上书李鸿章，并在《上李鸿章书》中提出了自己的改革纲领：“人能尽其才，地能尽其利，物能尽其用，货能畅其流”。认为此四者，富强之大经，治国之大本也。四者既得，中国“必能驾欧洲而上之”。孙中山提出了实现国家工业化、农业机械化、发展民间工商业、改革教育制度等进步主张。不过，正如毛泽东后来所言，没有一个独立自由、民主统一的中国，是不可能发展起雄厚的民族工业的。

当时孙中山为什么投书给李鸿章，据很多学者推测，极有可能是因为李鸿章是当时帝国朝廷中最大的汉族官吏，也是比较识时务的帝国政府大员。

“1894 年，时任直隶总督、权倾一时的帝国高官李鸿章拒不接见孙逸仙，这可说是他生平最受辱的冷落”。（马长虹：《民国国父孙逸仙》，九州出版社，2012 年 7 月版，24 页）由于上书的热情遭到冷调，怀抱“改良祖国”宏愿却无法找到途径的孙中山，忧愤不已，遂远赴美国檀香山，在当地华侨中宣传革命并成立了兴中会。

1894 年 6 月 1 日，曾任香山海防同知的魏恒，写信给盛宣怀的弟弟盛宙怀推荐孙中山；盛宙怀 6 月 13 日写信给哥哥盛宣怀向他引荐孙中山；与此同时，孙找到在上海的同乡郑观应，托郑致信给盛宣怀。郑在信中大力推荐孙中山：

“敝邑有孙逸仙者，少年英俊，曩在香港考取英国医士，留心西学。有志农桑生植之要术，欲游历法国讲求养蚕之法，及游西北省履勘荒旷之区，招人开垦，免致华工受困于外洋。其志不可谓不高：其说亦颇切近，而非若狂士之大言欺世者比。兹欲北游津门，上书傅相，一白其胸中之素蕴……孙逸仙医士拟自备资斧，先游泰西各国，学习农务，艺成而后返中国，与同志集资设书院教人；并拟游历新疆、琼州、台湾，招人开垦，嘱弟恳我公代求傅相，转请总署给予游历泰西各国护照一纸，俾到外国向该国外部发给游学执照。以利遄行。"（沈渭滨：《一八九四年孙中山谒见李鸿章一事的新资料》，《辛亥革命史丛刊》第一辑，《学术月刊》，1982 年第 8 期）盛宣怀在盛宙怀推荐信上批注的日期为农历五月廿三日（6 月 26 日），孙中山应在该日或早一两天已抵达天津。

在此前后，节制中国主力海陆军、负责对朝鲜日本交涉的北洋大臣李鸿章在忙什么？参阅郭廷以的《近代中国史事日志》：

6 月 4 日，李鸿章派太原镇总兵聂士成率兵九百名由大沽往牙山，援朝鲜。

6 月 6 日，李鸿章电出使日本大臣汪凤藻以中国保护属邦，出兵朝鲜事照会日外务部门。

6 月 7 日，陆奥宗光照覆汪凤藻，否认朝鲜为中国属邦，并声称派兵赴韩护商。

6 月 10 日，日使大鸟率兵四百余人到朝鲜京城。李鸿章电袁世凯，日本出兵，各国当有公论，我宜处以镇静。

6 月 12 日，日使大鸟访袁世凯，商中日共同撤兵。日军八百名抵仁川。

6 月 13 日，袁世凯电李鸿章，已与大鸟商妥撤兵。陆奥电大鸟，令日军即入汉城，暂不撤返。

6 月 14 日，日本阁议，决向中国提出共同改革朝鲜内政要求。

6 月 17 日，汪凤藻电李鸿章，日本布置，若备大敌，我宜厚集兵力，隐伐其谋，后俟余孽荡平，再与商撤兵。

6 月 18 日，李鸿章电汪凤藻，拒绝日本共改韩政及会剿要求。袁世凯连电李鸿章，大鸟食言，日军续来，汉城鼎沸，请先调水师，续备陆师，并请各国公使调处。

6 月 19 日，汪凤藻、袁世凯分别电请李鸿章增兵。

6 月 20 日，李鸿章商请俄使喀希尼调停韩事，中日撤兵。总署电李鸿章，韩惊扰已甚，宜令袁世凯镇静，各国调处有损中国体制。

6 月 21 日，李鸿章电汪凤藻，拒日会剿，允劝韩自行整顿内治。李鸿章电袁世凯，劝韩坚拒日要求，勿馁勿怖。

6 月 22 日，陆奥覆汪凤藻，谓中日所见相违，日本断不能撤退驻朝鲜之兵（所谓第一次绝交书）。

6 月 23 日，日本大本营令第五师团续向朝鲜开拔。

6 月 24 日，袁世凯电李鸿章，大队日兵续来汉城。

6 月 25 日，诏命李鸿章及时措置，对俄国调停，当沉机审察，勿堕其术中。俄使喀希尼通知李鸿章，俄已勒令日本与中国商同撤兵，如日不遵，恐须用压服之法。

6 月 26 日，大鸟威迫韩廷，令中国撤兵，并承认改革内政。北洋海军总兵林泰曾电李鸿章，仁川驳船，战守均不宜，拟以大部移驻牙山备战守。

6 月 27 日，日军第二批达仁川。

6 月 28 日，俄外相格尔斯电东京俄使，正式调解韩事。

7 月 1 日，以事机已迫，诏李鸿章筹备战守事宜。

……

7 月 25 日，中日战争爆发。

《李鸿章全集》收录的这一时期李鸿章发出电报就达 7 封之多。李鸿章调处人手，与日本、朝鲜、俄国交涉。中日在朝鲜的冲突发展，关乎李中堂一生功名利禄，关系到大清帝国的生死存亡。已是焦头烂额的李鸿章，哪有闲心接见素不相识的孙中山。

“自从 19 世纪中叶中国被迫进入近代以来，中国的传统社会便再也无法停滞在某一凝固状态，而是不停顿地发生着一系列的裂变和改革。”（马勇：《大变革时代：1895—1915 年的中国》，经济科学出版社，2012 年 12 月版，199 页）

十一　兴中会与第一次广州起义

求见李鸿章被拒后，孙中山于1894年秋天前往檀香山。这时，中日甲午战争爆发已三月有余，大清帝国的海陆军连遭败绩，日军已侵入中国东北。怀抱“救国大志”却痛感报国无门的孙中山，忧愤交加遂在华侨中揭露大清王朝的腐朽，在华侨中倡议成立团体共谋救国大计。11月24日，二十多个进步华侨，在檀香山成立兴中会，通过了孙中山草拟的《兴中会章程》（“驱除鞑虏，恢复中华，创立合众政府”）。

刘祥、何宽为首任正副主席。《章程》痛斥大清帝国昏庸误国，招致严重的民族危机，申述该会以“振兴中华”为宗旨。这时的兴中会已不同于原有的反清的旧式会党，已经成为一个资产阶级民主革命政治团体。

1894年年底，孙中山离开檀香山返回国内，抵香港后，招集老朋友陈少白、陆皓东、郑士良等会商，准备在香港、广州两地筹建兴中会机构。1895年2月21日，孙中山等与香港辅仁文社的杨衢云、谢缵泰达成联合协议，成立兴中会总会，设机关于香港中环士丹顿街13号，用“乾亨行”名义做掩护。10 月 10 日总会决定在广州举行起义。

广州起事失败后，孙中山偕陈少白、郑士良东渡日本，创立兴中会横滨分会。不久，孙取道檀香山去美国。1896 年，杨衢云创立兴中会南非分会。1897 年，陈少白创立台湾分会。1899 年，陈少白又在香港筹办《中国日报》，年底创刊。这份报纸成为最早宣传反清革命的报纸。1900 年 1 月，杨衢云辞去了兴中会会长一职。同年，兴中会和三合会、哥老会代表在香港开会，共推孙中山为总会长，别名为“兴汉会”。1905 年，中国同盟会在日本东京成立。此前，兴中会已经组织发动了多次起义，均以失败而告终。

戊戌变法失败后，以康有为、梁启超为首的改良派流亡海外。孙中山主动建议两派合作救国，但康有为固执成见，拒而不纳。只有梁启超等少部分康门弟子出面周旋，表示愿意合作。1899 年冬，原属改良派的唐才常、林圭从日本回国，孙中山、陈少白、梁启超等同席为唐、林饯行，谈论合作事，颇为融洽。孙并介绍在汉口的兴中会会员容星桥协助唐才常举事。梁则实际含有攘夺兴中会实力的意图。后因双方分歧较大，合作之议没有达成。1900 年，义和团运动迅猛高涨。6 月，孙中山、杨衢云、郑士良一行从横滨乘轮南下，船抵香港，在一艘舢板上召开会议，决定由郑士良率黄福等人赴惠州，发动会党举事；史坚如、邓荫南入广州谋划策应；杨衢云、陈少白留港协济饷械。当时，英香港总督卜力阴谋支使两广总督李鸿章据华南“自主”，以利于英帝国主义参与分割中国，争霸亚洲。卜力故授意何启怂恿孙中山率兴中会员众协助李鸿章组织“独立”政府。孙中山虽有所疑虑，但也认为不妨一试。李鸿章则虚与委蛇，还打算以商洽合作为钓饵，诱捕孙中山。7月下旬，李鸿章奉帝国政府电召北上，所谓的合作烟消云散。

8月底，唐才常组编的自立军被镇压。兴中会联络的湘、鄂一带会党势力因被卷入自立军起事而全部散失。10月，郑士良起义于惠州三洲田，转战半月余，因援绝械缺而败散。11月，史坚如在广州准备刺杀两广总督德寿，事败后被捕在广州英勇就义。年底，杨衢云被大清帝国政府所派刺客杀害。次年夏，郑士良暴病去世。兴中会领导骨干损伤过半，海外各处机构也渐次涣散。因此，孙中山自惠州一役失败后，即有另行组织大的革命联盟的想法。此后，兴中会新建立的组织还有1902年的河内分会和1904年的旧金山分会。1905年8月同盟会成立后，兴中会并入同盟会。同盟会成立前，兴中会是中国资产阶级民主革命运动最主要的领导者和组织者。

1895年2月，兴中会香港总部成立后，即着手筹划在广州发动武装起义。广州分会机关设在双门底王氏书舍，并相继建立了秘密据点数十处，发展会员数百人加入。广州分会发起成立公开团体农学会，以研讨农桑新法为号召，借以掩护团体活动，通过宣传拉拢，得到了一些当地官绅的支持。农学会在防营、水师和广州附近的会党、游勇、绿林里，进行策反及联络活动。

3月，孙中山到香港同杨衢云、谢缵泰、黄咏商等商定起义方略，计划袭取广州。孙中山返回广州负责具体筹备。

由程奎光负责联络水师官兵，郑士良联络广州、花县、英德、清远等地会党，李杞、侯艾泉联络香山、顺德等县绿林策应，革命动员远及广州一带的游勇、防营和潮、惠等地会党当中。孙中山在广州东门外咸虾栏张公馆、双门底圣教书楼后礼堂设立机关，贮藏文件、武器，接纳往来同志；在珠江南岸洲头咀筹建炸弹制造所，组成由陈清负责的炸弹队，购置小火轮为运输工具。杨衢云亦在香港招募散勇、工人，黄咏商变卖苏杭街洋楼一所以充军费，余育之援助军费上万元，何启起草英文宣言，朱淇起草中文《讨满檄文》，并多方谋求英、日、德在港人士的支持。孙中山偕郑士良、陆皓东等人到广州后，通过秘密和公开渠道利用社会关系隐藏身份进行起义的筹备工作。

8月底，起义准备工作大体完成，决定在阴历九月初九日（10月26日）重阳节正式起义。10月10日，兴中会在香港商议筹备起义后将成立的临时政府，会议选举杨衢云为总统。重阳节前夕，起义准备就绪。陆皓东制作青天白日旗为旗帜，决定以“除暴安良”为号召，臂缠红带为暗号。

陆皓东（1867—1895），中山先生的挚友，“翠亨四杰”之一，广州起义的领导人之一，失败后不幸被捕，壮烈牺牲。

重九前夕，清政府两广总督谭仲麟得到英国当局电报，又有知情者告密，获悉了兴中会起事的消息，于是出动军队、差弁搜查起义据点，四处缉捕。到了约定好的日子，广州附近各路队伍已经到达广州，而杨衢云突然发密电告诉起义人员军械不能按期到达。偷运入境的六百余支手枪在海关被清军查获，孙中山考虑到误期定会泄漏消息，立即用暗语复电杨“货不要来，以待后命”，并迅速与陈少白先后离开广州经香山、澳门到香港。杨衢云接到孙中山的电报后，因军械已上船，仍派朱贵全、丘四等人随轮船到广州。28日，船抵广州时，朱、丘等40余人被捕，起义计划全部遭到破坏。清政府大肆捕杀革命党人，陆皓东、朱贵全、丘四等被杀，程奎光病死狱中，孙、杨、陈等均被悬赏通缉。广州起义失败，孙中山经由日本返回檀香山，“乙未九月九日为予第一次革命之失败”。

十二　发动会党革命

所谓会党是对鸦片战争后以反清复明为宗旨的多数民间秘密团体的总称。会党具有反对清朝封建专制统治、反对帝国主义的性质。在此以前，天地会、哥老会等通称会，自兴中会与天地会首领联络后，始称“会党”。会党多以反清复明为口号，组织上实行家长式领导，首领由大首领加封，一切行动的组织和发动唯首领之命是从。会党多以破产农民、手工业者和无业游民为主体，处于社会下层，好勇斗狠，有很强的地方性，采取活动多以秘密方式进行。

拿当时的哥老会作例子，随着第二次鸦片战争结束后，湘勇的遣散增加了这一会党的势力，会众个体活跃于长江流域和两湖到上海的城乡之间。哥老会还接纳了失业船工、纤夫、破产农民和手工业者，甚至两淮盐枭。19 世纪后期，哥老会成为社会影响力很大的地方势力。长江流域那些纷起的反洋教斗争和其他反抗斗争都能找到他们活跃的身影。同时他们又是让人侧目的社会力量。兴中会骨干毕永年曾经积极活动于湖南地区，与哥老会头目李云彪、杨鸿钧等人交往，宣传革命，后约哥老会头目七人在香港进行兴中、三合、哥老三会联合。只是不久后哥老会退出了这一联合。不过，哥老会首领马福益对同盟会起事给予过较大的帮助。

兴中会为更多的扩大势力和影响，很注意联络会党。孙中山曾说：“余持革命主义，能相喻者，不过亲友数人而已。士大夫方醉心功名利禄，唯所称下流社会，反有三合会之组织，寓反清复明之思想于其中，虽时代湮远，几于数典忘祖，然苟与之言，犹较缙绅为易入，故余先从联络会党入手。”（胡汉民：《总理全集》第一集，上海民智书局，1930年2月版，920页）

1904年，孙中山在美国进行革命组织活动时，积极与洪门司徒美堂联络，深得司徒本人的信赖，司徒主动担负起孙中山个人的保卫工作。孙加入洪门，洪门给予孙中山人力、物力、财力各方面的支持。

兴中会发动广州起义和惠州起义，主要的依靠力量就是会党。

1906年的萍浏醴起义是辛亥革命前在革命党影响下，参加人数最多的一次，近3万人。参加者大多是会党成员，起义没有与东京的同盟会总部联系。包括蔡绍南和刘道一这些革命党，他们的另一重身份是洪江会头目。这次起义既没有资金上的充足准备，枪炮等军备也没有采购回来，只是凭借会党首领的野心，很难形成统一部署，行动上更不可能求得统一。

随着萍乡煤矿的扩大开采，流民时有增加，所以本地区会党流派很多，彼此不统属。洪江会头目们起初比较谨慎，主张仔细考虑再作起义决断。其中一个头目廖叔保在麻石聚众起义后，带动了整个洪江会起义，所以这次起义是一次盲动下的暴动。

会党往往介于工商社会和流民群体之间，是以流民的形式存在的群体。其中，有些人无疑是社会上的边缘人，靠收保护费、抢夺、出头要钱的活儿安身立命。会党既容易被收纳去搞革命，兴中会、光复会多依靠他们，同时由于他们帮会习气、管理松散、成分复杂等原因，对革命党的起义又会产生负面影响。光复会组织起来的比较大的几次起义最后走向失败，就和帮会的泄密有直接关系。

1907 年夏，同盟会中原光复会成员计划在浙江、安徽两地发动起义。革命党人徐锡麟早年留学日本学习军事，因为近视的原因回国后没有进入正规的军校。

清末因为仰慕日本的强大，在社会上也曾经有尚武的社会风气。徐家有钱，在上海购置了五十支后膛枪并两万余发子弹，公开在绍兴创办了一所民间预备警察学校大通学堂，并花钱捐了一个道台。湖南巡抚俞廉三因为与徐家的亲戚关系将徐锡麟推荐到安徽巡抚恩铭那里，成为安徽巡警处会办和巡警学校的监督（校长）。每年毕业之时，大通学堂都要宴请绍兴府、山阴县当地官员和头面士绅。学堂毕业生的照片和毕业证件都要加盖府县的官印。

1907 年初，女侠秋瑾接任校长，将金华、处州和绍兴三府的会党头目招进学堂，练习枪械。7 月，面对社会上的流言蜚语，徐锡麟和秋瑾遂决定在皖浙两地同时发动起义。当时，安徽巡警学堂的徐锡麟并没有做好准备，在学校中也没有发展多少成员。浙江大通学堂大多依靠联络地方会党，所以往往因为缺乏统一指挥而导致起义计划过早暴露。当时，两江总督端方已经将进入到安徽的革命党人名单秘密地报给了恩铭。由于恩铭对徐锡麟的信任，使徐本人看到了名单。徐锡麟了解了状况的紧急，决定提前起义，并利用巡警学堂进行毕业学生典礼之际刺杀了安徽巡抚恩铭。这一事件使大通学堂的起义计划陷入孤立，导致秋瑾的被捕。

总之，会党对革命无可争议地具有两重性。既能投入革命，关键时刻起到大的作用。同时，由于情况复杂并不能一概而论。辛亥以后，有的会党势力甚至公开走向反动。

十三　壮哉学生少年

辛亥革命前夜，中华大地上出现了留学热潮。新兴知识分子阶层从此开始出现。据统计从 1895 年到 1905 年前后，赴日留学生达 8600 余人。

中日甲午战争中中国被日本打败，被迫签订丧权辱国的《马关条约》。中国人 4000 年的睡梦从此时被惊醒。中国知识分子开始思考这样的问题：中国为什么会失败？日本为什么会富强？康有为提出“不妨以强敌为师资”，主张仿效日本，变法维新，救亡图存。

1895 年，御史杨深秀上奏：日本明治维新功在留学生，请帝国政府派人赴日学习。1896 年 5 月，经过总理各国事务衙门的考试选拔、由帝国政府派遣从 13 岁到 32 岁不等的 13 名中国留学生抵达日本。这件事从此改写了中日文化交流史：日本从留学生派遣国变为接受国，而中国由留学生教育国“沦为”派遣国。

这批中国青年受大清帝国的派遣东渡日本，成为第一批中国官派留日学生，揭开了中国人留学日本的历史序幕。

1896 年，各省地方政府也陆续派留学生赴日本留学。到 1899 年已有 200 余人。20 世纪初，更有大量自费学生东渡日本。1903 年，留日学生已有 1000 多人。1905—1906 年达到高潮，猛增到七八千人，以后虽有下降，到 1911 年仍有三四千人。这个时期，中国官费、自费留学生共达数万人之多，形成中国留学史上空前的第一次留日高潮。

留日热潮的形成还有其他的原因。诸如大清政府在 1905 年停止了科举考试，提倡和鼓励留学。因此，出国留学成为部分知识分子的重要出路。这个时期的日本政府采取了一些吸引中国留学生的政策，甚至专门设立了一批接纳中国留学生的学校。还有一个原因就是留学日本比留学欧美有不少便利条件，像地理相近，交通方便，费用节省，文字习俗相近等等。

自 1896 年首批留学生赴日以来，留学生人数逐年增加，至 1905、1906 年间达最高峰（8000 名左右）。美国学者任达（DouglasR. R eynolds）在《新政革命与日本》中说："粗略估计，从 1898 年至 1911 年间，至少有 2.5 万名学生跨越东海到日本，寻求现代教育。"与此同时，大批日本人应聘到中国内地学校出任教师（称为日本教习），或在各类政府机构中担任顾问（军事、外交、教育、农事顾问等）。除此之外，日人还在中国内地开办学校（如杭州的日文学堂、南京的同文书院、北京的东文学社和上海的留学高等预备学堂等），派遣日本教师授课，在中国本土开展日语教育，培养留日预备军。赴日留学生的增加与赴华日本教习、顾问派遣规模的递增成正比，同消同长。

这个时期，中国留日学生，投入学习的专业很广泛，尤以政法和军事最为热门。许多留日学生通过参加各种爱国运动走上革命道路。他们在日本创办各种报纸杂志，翻译出版书籍，积极宣传新文化、新思想。同盟会从事革命宣传、武装起义的骨干分子大多数是留日学生。同盟会领导人黄兴，革命宣传家邹容、陈天华，革命烈士秋瑾、徐锡麟等都是早期留日学生。

早自1840年以来，由于外国势力的大规模入侵，大清帝国开始急剧走向衰落。在捍卫国家利益之时，中国军事呈现出不堪一击的窘态，特别是由于武器装备的落后交阵则败，迫使大清帝国政府不得不将目光投向了军事发达的西方资本主义国家。

1877—1895年间，在李鸿章、沈葆桢等有识之士的努力下，帝国政府就先后派遣了三批船政学堂的学生留学欧洲，学习舰船制造、驾驶等技能，以期学有所成、抵御外侮。

同期，曾国藩联合李鸿章上奏朝廷："拟选聪颖幼童，送赴泰西各国书院，学习军政、船政、步算、制造诸书"，使"西人擅长之技，中国皆能谙悉"。其后，向美国派遣留学幼童的方案获得了帝国政府的批准。

曾国藩为做好这一准备工作，事先委派容闳在上海设立了一所预备学校。学校由刘开生担任校长，容纳30人，成为派送美国的第一批学生。容闳计划分4批派遣120名少年赴美留学，学习期共为15年。由于观念的原因，生源在那个时代难以保证，所以第一批赴美学生，大多为广东人，其中又以香山人居多。

1872年8月11日，首批30名留美学生由上海出发，其中就包括后来的“中国近代工程之父”詹天佑。詹天佑小的时候，一位谭姓邻居长期在香港做事，他很喜欢聪明的詹天佑，反复劝说詹父同意儿子天佑出去留学。詹父在对方答应把女儿许配给詹天佑后，才勉强同意詹天佑出行。

1872年至1875年之间，清政府先后派出120名留学生。在这些留美幼童中，有22位进入耶鲁大学，其中有詹天佑、蔡绍基（后任北洋大学校长）；有8位进入麻省理工学院；有3位进入哥伦比亚大学，其中有唐绍仪（民国第一任国务总理）；有1位进入哈佛大学。留美幼童接受了西式教育，逐渐接受了西方文化，回国后大都成为清末国家改革的可用之才。

20世纪末，中国留学的归国人数同世界其他国家留学生归国人数相比，平均数明显低于其他国家。但是，站在近代历史长河的角度来看，赴日留学潮无疑是中国近代史上最重要的文化交流运动。

留学生们主要把精力放在学习西方的科技文化上，专注对传统观念的反思，起初对革命的关注十分有限。1903年，邹容从日本回到上海，发起组建了中国学生同盟会。在他看来，中国若真亡，“不亡于顽固政府，不亡于婪毒疆吏，不亡于列强之瓜分，不亡于各级社会之无知识，吾敢一言以断之曰：中国之亡，亡于学生”。邹容认为学生既为举世推崇的主人，必须尽主人之天职。

留日学生对政治的兴趣有限，并不积极倾向于革命。所以，1895 年广州起义失败后，孙中山在日本主要在华侨中发展革命势力。梁启超在日期间议论国事，更吸引学生们的关注。倾向康梁的青年学生更多一些。日后，留日学生成为革命党和立宪派争夺的对象，双方以《民报》和《新民丛报》为喉舌展开论战，焦点为是否应该用武力推翻大清王朝。

十四 革命排满与保皇立宪之争

1895 年华兴会成立以后，革命党就开始和立宪人士以报纸为基地进行论战。有革命党在香港的《中国报》与保皇党的《岭海报》（广州）《商报》（香港）对抗；在檀香山革命党的《民生日报》与保皇党的《新中国》报对抗；在旧金山革命党的《大同》报与保皇党的《文兴》报对抗。这时期，这种对抗对知识青年的影响极小，似乎微乎其微。（李剑农：《中国近百年政治史》，复旦大学出版社，2002 年 9 月版，218 页）

在进入晚清新政革新的最后十年，也是立宪和革命理论争斗的关键十年。这时，革命党与康梁的矛盾已经公开化。

章太炎曾经认为，挑拨革命党与保皇党关系的是以张之洞为代表的政府要人，“任公、中山，意气尚不能平，盖所争不在宗旨，而在权利也”。那个时代革命党将康梁排在第一政敌的位置上。太炎先生因此担心孙、梁之争会危害革命大局，孙、梁都是了不起的人，中国革命“一线生机，惟此二子可望。”（章太炎：《章太炎政论选集》，中华书局，1977

年11月版，162—163页）

当时在上海和香港两地已经出现《中国日报》《广东日报》《警钟日报》等数家报纸。不久，《民报》出现，遂成为革命人士抨击保皇立宪、宣传革命排满的强硬阵地，与梁启超主持的《新民丛报》展开了大规模的论战。革命派把章太炎写的《驳康有为论革命书》作为与保皇派公开论战的武器。“中国革命的运动一天一天的增加势力。同时君主立宪运动也渐渐地成为一种正式的运动。”（胡适：《五十年来中国之文学》，《胡适文集》，北京大学出版社，1998年11月版，234页）

在此期间，《民报》汇集了章太炎、胡汉民、汪精卫、朱执信、宋教仁、刘师培等革命新锐。由于章太炎尚在上海狱中，所以前五期《民报》的主笔由胡汉民担任。1906年5月21日，《民报》第三号提出了与《新民丛报》论战的十二条纲领：一、《民报》主共和，《新民丛报》主专制。二、《民报》希望国民通过民权立宪，《新民丛报》希望晚清政府实行开明专制。三、《民报》主张革命对待政府，《新民丛报》仍赞成政府行使专制。四、《民报》希望国民通过民权立宪，所以鼓吹教育与革命；《新民丛报》指望政府行使开明专制，只是不知如何施行。五、《民报》主张政治革命，同时主张种族革命；《新民丛报》主张开明专制，同时主张政治革命。六、《民报》认为国民革命，反对专制，则为政治革命，驱逐满洲人，则为种族革命；《新民丛报》认为种族革命与政治革命不能相容。七、《民报》以为政治革命必须付诸行动；《新民丛报》以为政治革命只须提出要求。八、《民报》以为革命事业只能行动起来，提出要求无助于解决问题；《新民丛报》以为要求实现不了，再施加压力。九、《新民丛报》以为可以通过不纳租税和暗杀来警告政府；《民报》以为不纳租税与暗杀只是革命的一小部分。十、《新民丛报》诋毁革命，而鼓吹个人行径；《民报》以为对待社会都以革命为宗旨，并非凭借刺客。十一、《民报》以为革命所以求共和；《新民丛报》以为革命反以得专制。十二、《民报》鉴于世界前途，提倡社会主义解决社会问题；《新民丛报》以为社会主义不过煽动乞丐流民而已。最后附有编者按语，认为十二条辩论意见，革命党会不断进行辩论，请求公众公正评价。（方汉奇：《中国近代报刊史》下册，山西教育出版社，1991 年 11 月版，401—402 页）

旅美归来的梁启超，先是忙于保皇大会和开办《时报》等事，他悄悄回到上海，《时报》筹备顺当后，他本人又回到日本。对于《民报》创刊后所下的挑战书，梁启超没有匆忙应战，他认为革命党除了造谣生事、侮辱谩骂，也拿不出什么实际的东西。曾经发生过香港的《中国日报》《世界公益报》伪造梁启超写给日本首相伊藤博文的一封信，被革命党移花接木拿来攻击梁启超。梁曾在《新民丛报》上连续刊登《辨妄广告》和《辨诬再白》的文章辩污。“真忧国者不当如是耶？堂堂正正以政见相辨难，犹可言也；若造谣诬谤，含沙射人，斯亦不可以已耶？”鄙人不能不为该两报惜之。（梁启超：《饮冰室合集集外文》上册，北京大学出版社，

2005 年 1 月版，157 页）

梁启超希望双方能“堂堂正正以政见相辨难”，而革命党攻击、诋毁梁启超是不择手段的。许寿裳说：“章先生抵东后，即入同盟会，任《民报》编辑。其中胡汉民、汪兆铭（精卫）等诘难康、梁诸作，文笔非不锋利，然还不免有近于诟谇之处。惟有先生持论平允，读者益为叹服。”（许寿裳：《章太炎传》，百花文艺出版社，2009 年 7 月版，40 页）

对于革命党的攻击、诋毁，梁启超认为“鄙人向来不屑与辩”。（梁启超：《饮冰室合集集外文》上册，北京大学出版社，2005 年 1 月版，159 页）同时又感觉大是大非面前，“仍不能不反驳之，盖不如是，则第三者之观听愈荧也”，他先作了《开明专制论》《申论种族革命与政治革命之得失》两文发表在《新民丛报》上，没想到引发了一场长达两年的影响中国近代历史的大论战。辩论双方针锋相对、唇枪舌剑、你来我往，甚至有人专门将双方论战的文章结集出版，《立宪论与革命论之激战》一书成为时代的畅销书。

1906 年 6 月 29 日，章太炎三年监禁期满出狱，孙中山亲自去迎接。当时革命阵营中除了章太炎和刘师培，大都是法政、早稻田学校的青年学生，刘师培的声望不能与梁启超相抗衡，所以章太炎的加入，成为《民报》的生力军。

从 1906 年 7 月至 1908 年 10 月，《民报》几乎一直由章太炎主持，他为《民报》撰写的文章有 58 篇之多，成为《民报》最主要的撰稿人，也为章太炎赢得了很高的社会声望。鲁迅在《且介亭杂文末编》回忆说：“我爱看这《民报》，但并非为了先生的文笔古奥，索解为难，或说佛法，谈‘俱分进化’，是为了他和主张保皇的梁启超斗争。”

对于提倡国粹，章太炎认为包括三项：一是语言文字，二是典章制度，三是人物事迹。其实宏观来看就是提倡民族文化。在这一点上，他与梁启超的观点基本是一致的。两人在 1902 年还通信讨论过撰写《中国通史》的计划，梁启超发表了《论中国学术思想变迁之大势》和《新史学》两篇学术论文，倡言“史学革命”，主张以西学整理中国旧史。

关于种族问题。梁启超认为政府的政治腐败会影响民众感情，一旦从民族感情入手，其煽动性之强是可怕的。“满人尽据要津，致社会上有排汉政策之新名词出现……则相排之结果，满亦何能终与汉敌？惟有满族先毙，而满汉同栖之国家，随之而亡耳”。所以，革命党内部在推翻晚清政府统治这一点上是高度一致的。梁启超认为煽动家的作用是非常有限的，“惟政府所供给之革命的原料，日冲积于人人之脑际，而煽动家乃得以投机而利用焉”。（梁启超：《饮冰室合集》之十九，中华书局，1989 年版，45—52 页）

《民报》出到二十四号被日本政府查禁了，汪精卫在法国也只谋划出版了两期。革命党此时言论上的战斗也进入了休止状态。《新民丛报》1907 年 7 月停刊，意味着改良派与革命派的论战最后画上了休止符。其实自 1906 年帝国政府宣布预备立宪以来，梁启超的关注点已经转移到民法和经济学、宪法、行政法等具体问题，他准备办一份新的刊物来刊载研究成果，没有精力再与革命党人周旋了。

这场论战的胜败代表着中国社会矛盾的发展趋势。梁启超在《现政府与革命党》中说："革命党者，以扑灭现政府为目的者也。而现政府者，制造革命党之一大工场也。""革命党何以生？生于政治腐败。政治腐败者，实制造革命党原料之主品也。"这就等于说，没有政治腐败，也就没有了革命的理由，革命党也就失去了存在的依据。作为政府没有尽到保护人民的权利不受到损害的责任，适得其反却成了人人得而诛之的独夫民贼。

尽管取得了对于改良派的胜利，章太炎主持《民报》期间的表现并不令孙中山满意。他们的革命诉求并不完全一致，孙中山的三民主义纲领并不被章太炎完全认同。章太炎的政治主张只是通过反对民族压迫，实行所谓"民族复仇"，恢复汉人的统治，光复而非革命。此后，章太炎与孙中山分道扬镳，联合陶成章等人成立了光复会。

章太炎在《定复仇之是非》中说："今之种族革命，若人人期于颠复（覆）清廷而止，其利害存亡悉所不论，吾则顶礼膜拜于斯人矣。"他在《民报》撰写的许多文章都体现了这种思想。

《民报》被封禁之后，章太炎以讲学为业，退守书斋，政治理想的失落使得他有过出家的念头，"其授人以国学也，以谓国不幸衰亡，学术不绝，民犹有所观感，庶几收硕果之效，有复阳之望，故勤勤恳恳，不惮其劳，弟子至数百人"。（汤志钧：《章太炎年谱长编》，中华书局，2013 年 3 月版，295 页）至此，他和梁启超也和孙中山代表的革命党都渐行渐远了。

十五　融入最后革命的洪流

无论是立宪党人的改良，还是革命者的反清暴动，对于下层百姓，都缺乏动员的兴趣。与其说担心底层民众会影响到他们的阶级利益，倒不如说其实是担心底层发动起来后，对社会秩序造成强烈的冲击。中国生产关系链条上农民战争的破坏力，足以让中国民族资产阶级心生畏惧。

所以，在革命势力所到之处，包括会党势力比较大的地方，新政权更乐于跟当地的乡绅合作，维持原有的社会秩序。保障乡绅的利益，不许农民的革命出现。（张鸣：《辛亥：摇晃的中国》，广西师范大学出版社，2011 年 11 月版，第 123—124 页。）

自大清帝国大胆厉行新政以来，无论是地方自治，还是推进预备立宪，谈选举，论民权，“民主”只限于中上层精英，不向一般民众开放，更不会去考虑农民的苦痛。

所以，清末预备立宪的地方自治要求农民走开，谘议局的选举，以及后来民国首届国会，农民都没有机会做出什么选择。

纵观清末的革新与救亡运动中，知识阶层与底层民众一开始就处于分离状态，戊戌变法与义和团运动尤为典型。一些知识分子认为义和团其情可悯，其气可用，举动却有些不可理解。

1901 年拒俄运动中，趋新人士也曾主张动员民众，文明排外。1902 年底，梁启超在《新民说》中率先使用上等、中等、下等社会的概念，象征着中国趋新知识人士的自觉。1903 年 8 月出版的《江苏》杂志第 5 期发表署名“壮游”的《国民新灵魂》，呼吁重铸新国魂，有关注下层的倾向。

其后，伴随着同盟会民主革命斗争的发展和国家政治环境的不断恶化及老百姓的生活疾苦，底层广大群众自发的反抗斗争高涨起来。从 1905—1910 年的 5 年间，民间的斗争次数据不完全统计，1905 年 103 次，1906 年 199 次，1907 年 188 次，1908 年 112 次，1909 年 149 次，到 1910 年则上升为 266 次。斗争的形式主要有抗捐抗税和抢米骚动，许多地方甚至出现了农民武装暴动；此外，城市中罢工、罢市层出不穷，反教会压迫的斗争也时有发生。

过去革命党人过多地看到和想到了农民斗争中的落后性，忽视了在农民群体中做宣传鼓动工作，更谈不上领导。群众斗争不可能有明确的革命纲领，自发性和分散性严重。农民很难克服自身的弱点，资产阶级也担负不起发动民众的任务。出现了群众斗争和革命党人领导的武装起义交错迭出，两股力量始终未能有机结合，汇聚出完美的合力。

1904 年，孙中山控诉大清王朝“把我们作为被征服了的种族来对待”的八条罪行，声讨帝国统治者：“贪残无道，实为古今所未有，二百六十年中，异族凌残之惨，暴君专制之毒，令我汉人刻骨难忍，九世不忘。”章太炎组织起“支那亡国周年纪念会”进行舆论宣传，邹容声称“皇汉民族亡国后之二百六十年”。革命党人举出华夏始祖黄帝，主张用黄帝来纪年。陈天华在《猛回头》《警世钟》中盛赞黄帝为“始祖公公”，希求汉人能够快速找回失落已久的民族认同。（金满楼：《天命所终：晚清皇朝的崩溃》，江苏人民出版社，2016 年 8 月版，95—97 页）

1905 年，孙中山的革命影响力越来越大。他在比利时、德国、法国等地的中国留学生中间先后建立了革命团体。这些革命团体逐步与国内的革命组织建立起联络，形成了组织网络。

同年 8 月 20 日，国内各个革命团体负责人齐聚东京，商讨联合革命事宜。决定成立中国同盟会，共抗大清帝国暴政，形成一个统一严密的组织来领导革命。选举孙中山为总理，黄兴为执行部庶务。（马勇：《大变革时代：1895—1915 年的中国》，经济科学出版社，2013 年 1 月版，47—48 页）

大清帝国试图以立宪或预备立宪来规避革命，真的能够立宪成功，革命就有流产的可能。所以在预备立宪期间，革命党极尽能事组织领导了一系列的起义和暗杀，包括 1906 年萍浏醴起义，黄冈与七女湖起义，1907 年防城、镇南关起义，1908 年马笃山起义、河口起义，1907 年光复会发动的皖浙起义等。总的来说，到大清帝国宣布“铁路国有”，收回地方的路矿权，乃至“皇族内阁”的出现，大清帝国的统治还是稳固的，地方治安状况良好。

同盟会以武装起义为方针，在起义挫折之际，暗杀主义成风。也发生了内部的思想分歧，策略上，有主张到北京去发动“中央革命”的，有主张在沿海、边疆发动“边地革命”的，有主张在长江流域发动“中部革命”的。1907 年夏，同盟会上层发生分裂。张继、章炳麟、陶成章等两次掀起反对孙中山的风潮。孙中山酝酿改组同盟会为中华革命党。1907 年 8 月，张百祥、焦达峰等人在湖北创立了共进会。1910 年 2 月，陶成章、章炳麟在东京重建光复会。1911 年 7 月，谭人凤、宋教仁等人在上海成立同盟会中部总会。

立宪派逐步看清了帝国政府是“假立宪之名，行专制之实”。1910 年《时报》发表社论说：苟犹有以为不足者，势非另易一办法不为功。从这时起立宪派有了另辟蹊径的想法。北京的请愿代表团解散时，曾公开发出《通告书》，书中说：“朝命即下，度非复挟一公呈、一请愿书可以力争也；又非复少数人奔走呼吁可以终得请求也；惟诸父老实图利之。”请愿已毫无希望的意思已经表露无遗。在绝望和愤慨之下，一些较激进的立宪派骨干表现出赞助革命的倾向。这种倾向无疑地加重了立宪派与帝国政府间的思想对抗，决定了他们在武昌起义后所采取的政治态度。

立宪的步伐缓慢进行，只是当时的立宪精神分为三个方面。一是西太后的“迁延”，七十四岁的她以不让自己的大权失去为原则，有留法学生的言论批评见诸法国报端：“清太后之欲立宪，实清太后愚民之术也。”二是帝国贵族排汉之争，试图通过立宪收回中央集权。三是汉大臣官僚有打破满人的政治优越的想法。

人们一度认为只要走上君主立宪之路，就可以避免革命带来大的动荡，中国有机会像东西洋各国一样重构国家，重塑形象。革命党人也在摸索彷徨中寻找出路，尽可能回避内部矛盾，发现革命的力量之源。

大清帝国十年立宪改革，一路走来，并非完全虚假和无用，不管怎样它开启了近代中国宪政，开创了中国政治近代化进程，基本完成了从古代法制向近代法制的转变，给予国人民主宪政的启蒙教育。

十六　排满主义的呼声

“今之革命，复仇其首”“黄种国民应有恨”“念华夷界限，必代春秋，呼冤展腥膻历史，誓为种族流血”……诸如此类的言辞，在辛亥革命期间的报章杂志中寻找，可谓俯拾皆是。

1899 年，梁启超发表了《论变法必自平满汉之界始》，成为揭示大清帝国治下满汉矛盾的发端之文。如果与梁启超在 1903 年《新民丛报》上引用的“和事人”来函一则做比较，“和事人”其实更能揭示清末反满主义的政治内涵。借助和事人之口，“革命之说一起，而思满人平日待我之寡恩”，排满向两个方向延伸：以民族主义感动上流社会，以复仇主义鼓动底层社会。

章炳麟作为全盘反满的代表性人物，一直反对满人来统治汉人。在某种程度上，章炳麟主张让满人退回东北。同时，章氏作为一位学者，他宣称满人扭曲了华夏文化，没有资格统治中国。满人两百多年的统治已将中国变为“奴隶之国”，处于西方帝国主义势力控制下的晚清政府治下，中国人简直就是“奴隶之奴隶”。

“排满”成为主义，成为革命学说，这在晚清时节不单构成思潮，而且成为动员成百上千社会民众投入国家革新的一种有效手段。杨度在1907年给梁启超的一封信中，将“排满革命”称为“操术”。“一切法理论、政治论之复杂，终非人所能尽知，必其操术简单，而后人人能喻，此‘排满革命’四字，所以应于社会程度，而几成为无理由之宗教也”；“排满革命之理由，各异其言，有曰报仇者，有曰争政权者……凡理由甚简单而办法甚发复杂者，虽智者不易寻其条理，凡理由甚复杂而办法甚简单者，虽愚者亦能知之，能言之，能行之，范围反较为大，势力反较益增也。”（金满楼：《天命所终：晚清皇朝的崩溃》，江苏人民出版社，2016年8月版，217—225页）

排满的理由有讲“报仇”的，“争政权”的，更有针对“满人不能立宪”的。打出“排满”口号，“几成为无理由之宗教”，办法简单，每一个汉人都知道、可以说出来，更可以付诸实践。

广东人谢公惠在他的《辛亥杂忆录》一书中说，留日学生的驱逐鞑虏的演讲和文章成为那个时代的“八股文章”，很有震撼力。排满在那个时代已经成为一种“政治正确”，在充斥着“复仇”和“血”的义愤情感中，理智显得弱化了。冷眼旁观的严复禁不住黯然评论：“当舆论燎原滔天之际，凡诸理势诚不可以口舌争！”“种族之恨与复仇之图能快一时之意，却必将贻祸于后世子孙。”

这是严复的拳拳忧虑，也是几十年后回头看待辛亥革命这段历史无法回避的一个命题。由种族推衍革命，隔离与复仇大行其道。辛壬之际，革命派几乎未做辩论，转向回避种族复仇，利用民国政府的喉舌和政治领袖的开明姿态，很快征服了社会民众的心理，迅速完成由“驱除鞑虏”到“五族共和”的转变。

在《辛亥革命与国民党》一文中，陈独秀对此不无揶揄地说：“信仰三民主义而加入同盟会的，几等于零。”意指当时的革命加盟者大多带有排满情节，三民主义显然成了“一民主义”。辛亥革命成功何尝不是依靠“一民主义”取得14省独立，大家都认为只要“驱除鞑虏”成功，自然革命成功。

作为保皇人士的康有为主张“君民同治”“满汉不分”，认为中国的传统必须要有皇帝，而且当时的民众还不具有单独治理国家的能力，至于满洲问题，以国家主义代替民族主义是一个更适宜的选择。

回到辛亥年的反满事件。实际上，暴力的排满在各地既复杂又各不相同。在武昌、杭州，同盟会、新军在主导。其他一些地方，革命阵营内部争论一直不断。西安的革命党十之八九隶属哥老会，仇满情绪很激烈。双方争执不下，最后还是会党的势力占了上风。对于革命党来说，主义和信仰显然已经无法越过仇恨，支持他们坚定地执行排满。这一短暂的历史过程也让我们看到，革命行动总要比话语更复杂。

辛亥年还有汉人设法去保护无辜旗人的事。蒋梦麟曾在

《西潮》中描述："革命波及杭州时不曾流半滴血，新军的将领会商之后黑夜中在杭州街头布下几尊轻型火炮，结果未发一枪一弹就逼得抚台投降。新军放了把火焚毁抚台衙门，算是革命的象征，火光照得全城通红。旗下营则据守他们的小城作势抵抗，后来经过谈判，革命军承诺不伤害旗下营的任何人，清兵终于投降。"

据统计，革命中被杀或自杀的督抚共4人，其中包括：闽浙总督松寿（满族，自杀）、四川总督赵尔丰（汉军，被杀）、江西巡抚冯汝骙（汉族，自杀）、山西巡抚陆钟琦（汉族，被杀）；被杀或自杀的将军4人，即西安将军文瑞、伊犁将军志锐、广州将军凤山、福州将军朴寿；其他被杀或自杀的高级武将共计11人，其中包括黄忠浩（汉族，提督）、良弼（满族，都统）、载穆（满族，都统）、谢宝胜（汉族，总兵）、王有宏（汉族，总兵）、何师程（汉族，总兵）、张嘉钰（汉族，总兵）、谭振德（汉族，协都统）、恒龄（满族，副都统）、钟麟同（汉族，统制）、刘锡祺（汉族，协都统）；除此之外，还有一名提法使（张毅，汉族）自杀，一名布政使（祖世增，汉军）被杀；另外，至少有31名实任知县或知州在这场风暴中被杀或自杀。

山西都督阎锡山在追诉被杀的巡抚陆钟琦时认为陆的"精神和人格值得我们敬佩"，但是革命是无理由的，因而陆钟琦的被杀是很难解释的。只是对于无辜受害的民众，后人们或许会思考各族之间的杀戮是否可以成为合理的革命理由？历史往往被政治所利用，最终沦为政治的牺牲品，在偏激甚至有意误导的历史背景下，很难培养民众的理性思维。

武昌起义后，“社会主义者”江亢虎有致武昌革命军的一封公开信，就“兴汉灭满”的种族革命，提出了十二点“大不可”。认为种族革命，有悖于人道，易失去民心，与民主共和精髓之平等博爱相冲突；复仇为义，容易导致外来干涉乃至瓜分惨祸。1913 年，此信在上海《天铎报》匿名发表后，革命军驻沪事务所来函痛斥江，说他“倡邪说以媚满奴，疑乱军心，当膺显戮”，“汉奸”“满奴”的称号伴随着一封封恐吓信袭来，甚至有人宣称要用炸弹炸死他。

种族隔离，这在辛亥年无疑是存在的。蔡元培说，排满已经成为“政略上反动之助力”，这是主义与行动的脱节，也意味着中国革命历史轨迹上的波折。其后经历了政权易位之后，革命者开始试图澄清革命概念，通过构建族群、种族的文化词汇方式，寻求一种新的民族认同。

十七　载沣的难处

摄政王载沣作为晚清帝国政坛上的领军人物，生于 1883 年，1951 年去世。其最风光也是最难受的时间段，应该是光绪帝、慈禧太后相继去世后直至大清帝国终结的那 3 年。

说到摄政王载沣，不免要将帝国沦亡的责任归咎于他。载沣上位属于机缘，他的智慧、能力达不到掌控复杂局面的程度。

载沣生长于王府大院，才智不及其兄长光绪帝。作为晚清帝国第一个出洋游历的宗室成员，这个经历无疑扩大了他的视野。载沣真正步入政治舞台是在欧游几年后，帝国进入宪政改革的过程中。宪政的实现意味着满洲贵族的“私天下”要变为“公天下”，满洲贵族怎样才能在公天下背景下处理皇室利益，帝国如何避免宪政改革可能引发的政治危机，无疑成为中国政治的焦点。

载沣等一批帝国青年才俊加入政治改革，合乎历史发展大势，是一种历史选择。如果载沣在军机大臣位置上能有更多历练，随着年龄增长，经验积累，会变得更沉稳。只是历史给了他不过2年、转正军机不过几个月时光，身边情境就发生了巨大变化：光绪帝、慈禧太后在1908年11月相继去世，载沣在匆忙中成为大清帝国监国摄政王。载沣和隆裕太后的权力组合是否配合得体，因为帝制架构依然存在，宫中故事的复杂，也为外人难以尽知。载沣出任监国摄政王29岁，隆裕太后40岁，小皇帝宣统只有3岁。这一组合成为类似早年奕䜣、慈禧、同治的权力组合。慈禧太后、光绪帝留给摄政王、隆裕太后的，似乎只是一条按部就班就能顺利走下去的预设之路。大家都这样想，再有几年时间，等大清帝国完成了宪政改革，实现了责任政府，就可能实现皇权永固。

1906年开始的预备立宪，经过两年也有相当的发展。1908年公布《钦定宪法大纲》，发布《九年预备立宪逐年推行筹备事宜清单》，详细开列进度。按照清单，从颁布《钦定宪法大纲》的1908年开始发展到1917年，中国就将实现君主立宪。只是想不到光绪帝和慈禧太后在1908年同时去世。摄政王无法有力地执行既定的九年计划。当日本不断向东三省移民，觊觎中国的野心不断加大时，立宪党人也等不及九年之期，这一切都推动载沣必须要做出一定的改变。

按照九年规划，在立宪目标实现后，君主不再独享权力，有一个民选或半民选的御用国会，有一个权力有限的责任政府，这个政府由议会选举，皇帝批准，几乎完全就是日本明治维新的模式。只是，在立宪派心中这个与帝国高层达成的共识的前提条件是，君主足够英明、能力卓越。光绪帝有这样的潜质，小皇帝溥仪就难说。立宪党人想借危局之势加快立宪步伐，通过国会和责任政府分享权力。这就是几次国会请愿运动的初衷。

慈禧去世后，载沣摄政。载沣虽位高权重，但重大事件还是需要由隆裕太后颁布懿旨决定。隆裕和她的妹夫载泽对摄政王有明显的掣肘。其次是权倾朝野、贪渎昏聩的庆王父子。奕劻虽为皇族内阁的重要成员，但更关心的是受贿贪墨之事。袁世凯送给庆王的重磅银圆无疑在其劝说隆裕退位的过程中起了重要作用。武昌起义爆发后，庆亲王领衔了京城的金融恐慌，风闻武昌起义发生，从大清银行提了二十五万两银子，使谣言纷纷，京师大乱。

按照王朝政治的一般规律，权力重组，一批老臣、重臣诸如端方、岑春煊、袁世凯相继将会退出政坛。这也可以看作是年龄尚轻的摄政王组建新班底扫除障碍的必要步骤。据说载沣曾召见御史赵炳麟，赵郑重建议宣布光绪帝诛杀袁世凯的手诏，明正其罪，以靖内奸，任命康梁等人为顾问，实行宪政，收揽人心。

张之洞1909年病逝后，留下的鹿传霖、戴鸿慈等人并不具备领袖群臣的权威。责任内阁成立后的两个协理大臣，满人那桐爱钱要命；汉人徐世昌八面玲珑，与北洋一系有着剪不断的瓜葛。地方上疆臣也全无曾、李的气度。很多人攀关系找门路，为自己埋设退路。直隶总督陈夔龙夫人认了奕劻作干爷，安徽巡抚朱家宝的儿子又认了奕劻之子载振为义父。

真正让摄政王陷入极度被动局面的，还是一年后的国会请愿运动。对于国会请愿运动，摄政王还是作了不少善意回应。但是不久，当第一届责任内阁名单发布，铁路干线国有政策出台，这时的局势完全变了，已经没有办法控制了。摄政王如果在这两个问题上继续让步，比如及时解散第一届责任内阁，及时废除铁路干线国有政策，或许可以平息动荡局面。

局势相激相荡，终于因武昌新军哗变而破局。武昌起事时任湖广总督的瑞澂如果组织力量，坚决镇压，局势可能朝另一个方向发展。稍后，滦州兵谏，摄政王在各方压力下，一方面宣布接受加快宪政改革步伐，发布《宪法重大信条十九条》，改组内阁，授权袁世凯组阁；另一方面见机行事，宣布辞去监国摄政王职务，以便袁世凯协助隆裕太后收拾被动局面。

载沣虽为新贵，既无与生俱来的威权，还有不可逾越的朝廷“规矩”。再加上北洋首领袁世凯如虎在侧，八旗兵丁对解散驻防的强烈抵抗，即使没有自身的“优柔寡断”，也难以决断东西。

新政中载沣试图搞收权活动，一是将地方汉族官僚集团的权力尽可能收回，二是将地方的权力尽可能地收归中央。这是导致大清帝国覆亡、立宪派倒戈的关键因素。载沣当年29岁，身边宗室权贵和他年纪相仿的一帮人有心思把汉人权力收回，把地方权力收回。西太后时期也不敢贸然大规模地向地方上的汉族重臣收权。载沣缺乏经营地方的娴熟的政治经验和理念。载沣敢于筹划着收权，向北洋派开刀，把袁世凯开了，把梁士诒赶走，所以得罪的并非只是一个袁世凯这么简单。

载沣最大的功绩，就是和隆裕太后一起避免了国家的再次内战，以一个王朝的退出换来了勉强的五族共和。后人多叹惜于载沣的平和，甚至平庸，但实际上载沣性情敦厚，有大局意识和国家观念，没有在最终关头负隅顽抗。

十八　革命党的家业

一个政权要合理运作，需要足够的经费支撑。军事战役的发动，必须有足够的武器弹药和军饷开支。革命党人的活动经费主要来自两个方面：一是募捐，发行债券；二是向资本主义国家的政府和私人借贷。（杨天石：《国民党人与前期中华民国》，中国人民大学出版社，2007 年 7 月版，47—60 页）

当时，南方革命政府唯一可能获得的大宗收入是海关关税。武昌起义后不久，长久介入管理中国海关税收的英国联络其他国家，公开控制了海关税收，防止被革命党利用起来，以此作为革命党获取政权的经费。同时，西方国家要继续利用海关税作为中国政治赔款的抵押。

孙中山积极奔走，仍然避不开向西方列强进行政治借贷的老路，只是获取这种支持的可能性对革命党来说，似乎变得越发渺茫。相反，对于袁世凯政府的建立，英国的财团却表现出了慷慨解囊的热情。武昌起义后，孙中山还在西方奔走，一是在国际上争取西方列强的支持，二是向西方国家的财团、银行借款，来帮助革命以及革命后的建设。

1896 年，孙中山在伦敦的 9 个月，对他个人来说，经历了被大清帝国驻英使馆囚禁的黑暗日子，险丧性命。多亏友人詹姆斯·康德黎的帮助，康德黎积极奔走，将驻英公使的行为向英国政府告发，并通过伦敦报社作舆论宣传，使孙中山最终获得释放。蒙难的事不仅没有使孙中山退缩，反而使他由此增强了革命的信心，视英国政治文明为中国所应追求的目标。

经费问题，一直困扰着孙中山。从孙中山开始革命之日，曾一直希望得到日本政府的支持和帮助。只是对日本政府的对华政策一直缺乏清晰的认识。在向私人资本进行借贷的过程中，得到过宫崎滔天一家真诚的帮助。

1897 年 8 月 16 日，孙中山乘邮轮从温哥华到日本横滨，在日本结识了友人宫崎滔天。从此，宫崎滔天开始为孙中山的革命事业提供帮助。

在宫崎滔天的热诚支持下，孙中山认识了犬养毅、头山满、平山周、平冈浩太郎等一批朝野人士。其间，犬养毅面见大隈重信（时任外相）争取让孙中山合法留在日本，由犬养毅安排平冈浩太郎出资雇佣孙中山为平山周的语言老师，以解决孙居留日本的生活费用。宫崎滔天，在孙中山旅日二三年间，成为孙中山的得力助手。

1898 年初，宫崎把孙中山的《伦敦蒙难记》翻译成日文，重新树立日本社会以及旅日华侨对孙中山人格风范的印象，提高孙中山在日的威望。

戊戌变法失败后，康有为、梁启超得到宫崎滔天和平山周的帮助，先后亡命日本。宫崎滔天得到日本政府的资助和授意，在孙中山与康梁间奔走游说，希望能促成双方的合作。

1899 年 11 月，宫崎滔天亲赴华南作详细的实地考察，借此为孙中山完成了统合湖南哥老会、广东三合会和海外兴中会的重大任务，并使孙中山成为兴汉会的首领，确立了孙中山革命领袖的地位。从 1902 年 6 月，宫崎滔天发表了《三十三年之梦》的自传纪事，对孙中山其人其事，做出如实报道，使孙中山在中日两国人民的心目中成为“近今谈革命者之初祖，实行革命者之北辰”。

宫崎一家为革命事业服务一直持续到 20 世纪 20 年代，其本人与许多革命志士的关系也是特别熟络。

1907 年，黄兴长子黄一鸥经孙中山、章太炎等人介绍在东京加入了中国同盟会。1910 年至 1911 年春，黄一鸥往返于日本、中国香港之间，将通过宫崎滔天的关系购买到的弹药武器从日本运到中国香港。1911 年 3 月，黄考入广州巡警教练所以后，仍继续利用宫崎的关系联络武器给广州秘密联络点。

甚至在 1916 年 11 月至 1918 年 12 月间，宫崎夫人在上海都通过经营贸易为革命党人提供经费。（杨天石：《国民党人与前期中华民国》，中国人民大学出版社，2007 年 7 月版，197 页）

1895 年 1 月，孙中山经他的老师、英国医学博士康德黎介绍，认识了香港中环大马路 28 号梅屋照相馆的主人梅屋庄吉。这次见面期间，他们纵谈亚洲的变革和世界人类之平等。孙中山详细介绍了兴中会的广州起义计划，向梅屋提出援助请求。梅屋答应尽最大努力给予金钱上的资助，并派人前往澳门、新加坡及厦门等地购置军械。梅屋为了确保600支枪械顺利到达广东，亲自出面疏通办理通关手续。可惜，因消息泄露，广州起义还是失败了。

孙中山因在日活动受阻，决定赴檀香山投靠兄长孙眉，但因缺乏旅费不能成行。梅屋得知，迅速汇去1300银圆资助孙中山。不久，梅屋又电汇1000银元到檀香山给孙中山作为生活费用。梅屋还在香港多次接济过宫崎滔天，两人建立了深厚友谊，共同为帮助孙中山革命事业而奔走。

1900年七八月间，孙中山南下香港，筹划惠州起义，梅屋则在香港负责筹款与购买武器弹药，秘密运往起义地点。由于军火与援兵不继，惠州起义失败。

后来，梅屋还在日本兴建过一个简易的飞机场，为孙中山的起义培养飞行员，成为中国最早的航空学校。1911年，武昌起义爆发，梅屋不顾债台高筑的现状，变卖家产筹得28万款项，用于武昌起义军和其他革命活动。梅屋还派出摄影师到武昌拍摄辛亥革命的照片，为我们后人研究辛亥革命历史提供了珍贵的史料。

据东京学艺大学教授中村义说，梅屋仅拿出用于援助的资金就远远超过10亿日元。梅屋庄吉是用一辈子的时间和家产来支持中国的革命运动。

在孙中山整个革命岁月中，曾十余次出入日本，与日关系明显超越了与欧美关系的亲密程度。据统计，在日期间他曾结交了 340 多名日本人士，从无业的浪人到商界、军界、学界人士乃至政客，对孙中山的革命理想在精神上和行动上给予大力支持的，不乏其人。其中的宫崎滔天、梅屋庄吉和南方熊楠等，与孙可称得上是患难之交，是孙的事业的忠实支持者。

孙中山不断从包括日本在内的海外筹集资金，这种行为也影响到很多平凡的人，他们在资金人力上帮助革命。一次在旧金山，孙中山成功地说服了一个广东商贩团体回国从事革命。一个洗衣店老板在与孙中山的聊天过程中，表达了自己回国的意愿。当孙了解到他一周可以赚到 20 美元足以维持生计时，孙果断地劝他留下来，说“革命不分地域，不分行业，我们人多钱少，你应该留在这里继续做生意，烦劳你每周奉献 6 美元。”

十九　螳螂捕蝉 黄雀在后

袁世凯作为那个时代的精英，并且是这些精英人物中非常突出的一位。步入政界已经超过 30 年，只在新近的 10 年里，袁世凯才真正成为这个国家的要员。1899 年 6 月 16 日，袁世凯升任工部右侍郎，年底署理山东巡抚。1900 年 3 月 14 日实授山东巡抚，正式成为实权在握的地方大员，这也是他成长为帝国后期大人物的过程中迈出的关键一步。1901 年 11 月，继李鸿章署理直隶总督兼北洋大臣，次年实授，袁世凯一跃而成为中外所瞩目的大清帝国核心人物。

学生时代的袁世凯并非很有政治理想，多年里他主要从事军旅生涯。1881 年 5 月，袁世凯往山东登州，投靠了淮军统领吴长庆，吴为其叔父袁宝庆的结拜兄弟。初到吴营，吴长庆倒想好好栽培他，让袁世凯跟着幕府名流张謇、周家禄学习。据张謇回忆，袁世凯“课以八股，则文字芜秽，不能成篇。謇既无从删改，而世凯亦颇以为苦”，而让他“办理寻常事务，却井井有条，似颇干练”。事实证明，袁世凯不喜读书，对实务极具天赋，能有效办理，效率高，使得不少难题迎刃而解。在大清帝国的所有官员里，“他是第一个认真学习国外军队的组织方法和战略战术的人，并且也是第一个极力鼓吹军队必须实现现代化的人”。（郑曦原：《帝国的回忆》，生活·读书·新知三联书店，2001 年 5 月版，194—196 页）

1882 年 7 月，朝鲜爆发了“壬午兵变”。为帮助朝鲜平定内乱并防制日本，大清帝国令丁汝昌率海军三舰、吴长庆率淮军六营在七日之内赶赴朝鲜。军情紧急，时间仓促，吴长庆成立前敌营务处，袁世凯负责军需物资供应及勘定行军路线。他带领前敌营务处数人率先在朝鲜登陆，在选定大军登陆地点，勘探进抵汉城的行军路线及营务料理等方面，办理得有条不紊。

他也是一个卓有成效的外交武官，成功地平息了朝鲜宫廷“甲申政变”。三个月之内帮助朝鲜国王李熙训练起一支五千人的军队，这表明袁是一个颇有异常才智的人。

青年时代起，袁世凯就屡次受到李鸿章的鼓励。袁早期的进步也与这位大清帝国的著名政治家的影响有关联。现在，袁世凯成了李鸿章的真正接班人。1901 年，在李鸿章生命处于弥留之际，他把包括袁世凯在内的一些年轻人召到床前，并把改革大清帝国的使命交到了他们的手中。

袁世凯有才能让改革继续进行下去。他富有才干，野心勃勃。在李鸿章死后留下的政治真空中，他看到了自己的机会。从甲午战争和义和团运动中，袁世凯汲取了教训，认识到大清帝国将不可避免地发生历史巨变。

甲午战争后，镇压太平天国和捻军起义起家的大清帝国汉家雄狮湘、淮两军一败涂地。大清帝国政府下了狠心，一定要训练一支新式军队。袁世凯的小站练兵不是最早的一支，却是最有成效、影响最大的一支。1901 年，请报帝国政府同意，直隶总督兼北洋大臣袁世凯以武卫右军（袁在天津小站编练的陆军）为基础编练“新式陆军”。四年后，袁将原有常备军编成“北洋六镇”，共 7 万多人，新建陆军完全采取日本和德国的军事建制。北洋六镇新军是袁世凯获得慈禧太后许可创建的，并因此成为自己扶摇直上的政治资本。

日俄战争后，大清帝国的新生力量开始崛起。一方面，袁世凯在小心谨慎地使用着慈禧皇太后赋予他的权力；而另一方面，他又在鼓励着进步的因素，并费尽心机地招揽更多有才干的人，徐世昌、冯国璋、唐绍仪等若干精英加入其中。

新军中举办行营武备学堂，办得声色一片，后来在民国军事政治舞台上活跃的 5 位总统、9 位总理、30 位督军都出自武备学堂。除苦练本领之外，新兵还要进行思想教育，鼓励他们处于国家如此优厚的待遇之下，必须抱定忠君为国的决心。

1911 年 10 月 10 日，武昌起义的日子，也是隆裕和载沣集团无法直面和应对的日子。袁世凯出山的日子又要出现了。

十二天之后的 22 日，湖南宣布独立；23 日，江西宣布独立；24 日，陕西宣布独立；24 日，山西新军宣布独立……11 月中旬帝国半数以上的地方政府都已经脱离了中央的统治。

武昌起义的第二天，北洋集团赵秉钧、段芝贵等云集河南彰德为袁世凯过五十大寿。早在半年前恩师张謇特意探望过自己的学生，专程向寓居的袁世凯转达东南士绅期望袁出山支持中国宪政的意愿。

1911 年 10 月 12 日，大清帝国派出了救命稻草陆军大臣荫昌率北洋军南下，只是军队拖沓有些指挥不灵的模样。摄政王载沣出于无奈，只得接受庆亲王奕劻的建议，14 日下诏起用袁世凯，任命其为湖广总督，督办剿匪。因为袁的“矜持”，以及内阁协理大臣徐世昌的从中传话，10 月 19 日，帝国政府终于答应了袁的“组织责任内阁，授予前线指挥全权”的六项请求，授予袁世凯为钦差大臣，全面节制调遣陆海军。

袁世凯终于再次公开行使兵权了。其中命令：王士珍襄办湖北军务，编为湖北巡防营，驻守京汉铁路，负责北洋军后方的安全和后勤补给线的防护。倪嗣冲为河南布政使，进驻安徽颍州，保护北洋军侧翼安全。段祺瑞率第二军驻洛阳，随时准备接应。冯国璋率第一军，进攻汉口。

武昌岌岌可危，袁留而不攻，审时度势，给了南方革命党人一个大大的“人情”。其间，袁世凯让段祺瑞替下了高歌猛进的冯国璋，让湖北革命军方面暂缓紧张的心态，一面通过压迫手法迫使隆裕太后同意改革，获取南方的认可。获得朝廷授权的袁世凯同南方约定，在上海举行正式谈判。南方代表外交家伍廷芳（1842—1922）曾作为李鸿章的得力助手，是中国第一个法学博士，历任外务部侍郎、驻西班牙及美国公使，回国后闲居上海。《纽约时报》称他为“我们那位贤明风趣的老朋友”，朱尔典则直呼其“饶舌的老家伙”。北方代表则是出镜率很高的唐绍仪。跟袁世凯走得很近的《泰晤士报》记者莫理循多次对人说：“袁世凯清楚唐绍仪的共和思想，也准许他这样讲。”其实可以这样理解：袁世凯是以“君主立宪”同南方讨价还价，再拿南方的“民主共和”倒逼朝廷，自己好渔翁得利得到大总统的职位。因此，唐绍仪和伍廷芳成为谈判桌前的不二人选。两人确定了五条实质性的密约：一、确定共和政体；二、优待清室；三、先推覆清廷者为大总统；四、南北将士，均不对战争负责；五、恢复各地秩序。

1911 年 12 月，英国商人李德立（Edward Selby Little）两次致电大清帝国政府内阁总理大臣袁世凯，希望袁能够来上海与南方革命党方面的全权代表议和，并积极提供自己的府邸作为会议地址。此人曾在 1920 年的上海工部局会议上，提出陈述添设华董的提案，呼吁接纳华人董事，也因此有些社会威望。

李甚至提请袁世凯与英国驻华公使朱尔典（Sir John Newell Jordan）进行接洽。1912 年 1 月 14 日，袁世凯派私人秘密会见英国公使朱尔典，声称大清国土上大部分地区都积极赞成共和，袁本人也愿意接受“这个不可改变的命运”。来人向朱尔典透露，隆裕太后会发布谕旨，宣布清帝退位，会授权袁世凯处理临时政府工作。朱尔典其后积极为英国支持袁上台而奔走。英国驻汉口领事葛福在驻华公使朱尔典的指示下拿着和约出现在武昌，用意很明显，把以英国为代表的外国势力对袁世凯的支持意图带给南方革命党。

1912 年 2 月 28 日，英国汇丰银行为袁世凯提供贷款 200 万两白银。从 4 月到 9 月四国银行团和六国财团先后为袁垫款或贷款达 9000 余万两。（杨天石：《国民党人与前期中华民国》，中国人民大学出版社，2007 年 7 月版，79 页）1913 年 4 月 26 日，五国银行团与袁政府签订了 2500 万英镑的“善后大借款”。

英国对华政策是由英国在华经济利益所决定的，包括李德立的活动，反映出来的也是英国在华资产阶级的需要，而非单纯的个人行为。

1911 年 11 月，海军副官蔡廷干带着袁世凯的密信同武昌党人接触，实际上是一次前往革命营垒的探底活动。曾当过黎元洪上司的蔡廷干不辱使命，替袁世凯演了场欲擒故纵的好戏。他指出，共和政体不适合中国国情，弱化中央权威是在帮西方列强的忙。蔡极力称赞君主立宪，皇帝不掌权，总理负责任，既稳定又廉洁。黎元洪主张必须看着清帝逊位，“予为项城计，即今反旗北征，若大功告成，总统当推首选”。宋教仁也极力称赞袁世凯“不愧为汉族男儿。果如此，我辈当敬之爱之，将来自可举为总统，较之现下内阁总理，实有天渊之别”。黄兴更是托蔡廷干带信给袁世凯，“以华盛顿之资格，出而建华盛顿之事功。苍生霖雨，群仰明公”。

汪精卫对于袁世凯也认为“共和非公促成不可，且非公担任总统不可”。他派人到武汉传话给袁世凯，不如南北联合，逼清帝退位，到时再选袁为共和国第一任总统。

11 月 1 日，皇族内阁总辞职，袁世凯被提名为内阁总理大臣。12 日后，袁世凯从武昌前线回到北京。据颜惠庆回忆：“袁世凯抵达北京后，满朝文武，人心顿行安定，仿佛又恢复了元气。这充分显示出主政有方、处事决断的袁世凯在朝中所享有的不一般的威望。”

抵京不过三天，袁世凯就组好了新内阁，各部大臣均为亲信：赵秉钧（民政部）、王士珍（陆军部）、胡惟德（外务部）、唐绍仪（邮传部）、杨度（学部）、严修（度支部），北京局势大为安定。其后，袁世凯忽然得到孙文被选为临时大总统的消息，异常气愤，马上指使北洋四十多名主要将领联名通电，赞成君主立宪，反对民主共和。孙中山致电袁世凯，只要逼清帝退位，便让位于他。袁世凯一面制造舆论中国大局“非袁莫属”，一面加紧备战声言要动武。孙中山也打出出兵六路北伐的旗帜。孙中山此举很快就招致列强的反对及内部的掣肘，如与袁世凯之子袁克定交好的革命党人汪精卫，就公开指责孙中山破坏和议。于是，孙中山停止北伐，在致伍廷芳电中要他转达北方代表，再次强调，“如清帝实行退位，宣布共和，则临时政府决不食言”，一定推举袁世凯为民国大总统。

在袁世凯的鼓动下，北洋新军四十六名将领联名致电帝国政府，反对立宪，赞成共和。隆裕太后无奈之际，只好以宣统皇帝溥仪的名义，颁发三道诏书，第一诏宣布退位，第二诏公布退位后的优待条件，第三诏劝谕臣民安于国事。

1912年2月12日，由张謇起草、徐世昌润笔的退位诏书公诸天下：今全国人民多倾向共和，南中各省既倡议于前，北方诸将亦主张于后，人心所向，天命可知，予亦何忍因一姓之尊荣，拂兆民之好恶？外观大势，内审舆情，特率皇帝将统治权公之全国，定为共和立宪国体。近慰海内厌乱望治之心，远协古圣天下为公之义。袁世凯前经资政院选举为总理大臣，当兹新旧代谢之际，宣布南北统一之方，即由其全权组织共和政府，与民军协商统一办法。总期海晏清河，仍合汉满蒙回藏五族完全领土为一大中华民国，予与皇帝得以退处宽闲，悠游岁月，长受国民之优礼，亲见郅治（天下大治）之告成，岂不懿欤（岂不快哉）！钦此。

孙中山按承诺将临时大总统的位置让给了袁世凯。因为列强不承认执政的南京临时政府，南京临时政府也面临着诸如经济拮据、组织涣散等问题。辛亥革命后，同盟会的诸多同志不是主动弃官，就是认为革命已经成功，重新安排自己的生活，投入实业或选择留学。辛亥革命中活跃的中国资产阶级，最初在政治上支持君主立宪，武昌起义后，选择了民主共和。在孙中山和袁世凯之间，很多人更愿意选择袁世凯。

最终，孙中山在袁世凯接任前提了两个条件：一、定都南京；二、必须到南京就任总统。法制院院长宋教仁受孙中山委托起草《中华民国临时政府组织法草案》，临时参议院紧急为袁世凯量身定制了一部《中华民国临时约法》。作为一部宪法，它是成功的，规定了当今世界依旧热衷的“人民有言论、出版和结社的自由”等民主权力；作为政治斗争的工具，它将总统制临时起意地改成了内阁制，用于限制袁大总统将来的权力，这样的打算最终还是落空了。

宋教仁力主坚持责任内阁制，规定临时大总统公布法律及政令，须经阁员附署，明确限制总统权力。不久，又以《鄂州约法》《临时政府组织大纲》为基础，制定了《中华民国临时约法》。3 月 11 日，由孙中山以临时大总统名义正式公布了《临时约法》。

《临时约法》摒弃了孙中山一贯主张的民主共和模式，采取了宋教仁式的自由共和理论框架——责任内阁制，“采法国制，参议院为最高之机关，而国务院为责任之主体”。具体而言，责任内阁制通常设有内阁，由总理和总长组成；内阁由议会产生，并由议会中占多数席位的一个政党组成，或几个政党联合组成；内阁对议会负责，受议会监督，议会可决定内阁去留。

二十　山西革命 别样的感动

阎锡山早年留学日本，在他周围的中国留学生中间逐渐汇聚起一部分资产阶级革命思想的拥护者和宣传者。阎锡山在东京除学习专业知识外，还参与了革命党人的一些活动。

1905 年 7 月，孙中山从欧洲来到日本，准备与黄兴等人筹组全国统一的革命党。8 月 13 日，东京华侨和中国留学生 1300 多人专门举行盛大集会欢迎孙中山。全上，孙中山作了一篇批驳保皇派反对革命谬论的长篇演讲。孙中山的思想对阎锡山产生了强烈震动。阎锡山在多年后曾多次提道：“中山先生以先知先觉的德慧，高瞻远瞩的眼光站在时代的前边，领导革命，遂能一呼万应，全国同心，不久实行推翻满清，建立民国。”阎锡山曾多次前往拜谒、请教孙中山，经过几次晤谈，阎成为中山先生三民主义的忠实信仰者。

1905 年 8 月 20 日，中国第一个资产阶级革命政党——中国同盟会在日本东京正式成立。当时许多留日学生踊跃加入，入会后的阎锡山还介绍了赵戴文、康佩珩、赵之成、徐翰文等山西籍同学加入。

孙中山、黄兴亲自对留日学生做争取工作，并在同盟会内部秘密组建了军事干部组织——“铁血丈夫团”，吸收同盟会中特别积极的分子，予以专门的培养和训练。“铁血丈夫团”成员中山西籍人士就有阎锡山、温寿泉、乔煦、张瑜四位，占总人数的七分之一。

1909 年 4 月，阎锡山毕业回国，进入山西陆军小学堂任教官。与他同期回国的温寿泉被安排在山西大学堂任兵学教官，张瑜、马泽崧、李大魁等同盟会员被分配到山西陆军督练公所任教练员。三个月后，阎锡山因训练成绩优秀升任陆军小学堂监督（校长）。在革命处于艰难之秋，阎锡山认为革命党人要掌握兵权，就得实实在在深入基层搞兵运。

1909 年 11 月，大清政府陆军部召集各省士官学生举行会试，阎锡山名列上等，被赏给步兵科举人，并授予副军校的军衔。另外，温寿泉名列优等，被赏给炮兵科举人，并授予副军校的军衔。其后，帝国陆军部发出了由带过新军的人来充任协统以下军官的指令，正好为阎锡山等归国学生担任新军领导职务提供了方便。

同盟会成立时，同盟会山西支部有山西留日学生一百多人。其间，同盟会员王用宾、景定成等人在太原先后创办《晋阳白话报》《晋阳公报》，进行革命理论的宣传。特别是《晋阳公报》多通过揭露大清地方官员的不法行为来获取社会舆论对革命的支持。《晋阳公报》与山西革命党人景梅九在北京所办的《国风日报》互相呼应，成为山西革命宣传动员的有力武器。甚至利用报道交文惨案使山西巡抚丁宝铨和第二标标统夏学津被调任，给予阎锡山接任第二标标统的有利机会，有利于山西成为北方第一个响应辛亥革命的省份。

1902 年，山西编练新军时，同盟会安插了不少会员进入新军，因而山西新军成为革命党人发展力量的重要渠道。

1909 年 12 月，山西新军经陆军部编定为暂编陆军第 43 协（旅），下辖第一标、第二标，统归山西督练公所指挥。协统姚鸿发，标统为旧式军官齐允和马增福。陆军部的指示发布后，温寿泉被任命为督练公所帮办兼陆军小学堂监督，黄国梁、阎锡山分任两标教练官（相当于现在的副团长）。

不久，姚鸿发调山西督练公所任总办，总管全省兵事，第 43 协统由谭振德接任。谭接任后根据陆军部指令，第一标改称第 85 标，标统齐允；第二标改称第 86 标，标统为夏学津。夏学津作为山西巡抚丁宝铨的心腹，颇得旧官僚们的倚重。革命党人为了取得兵权，阎锡山等设法组织开展了与夏、齐的斗争。夏调任后，阎锡山接任了第 86 标标统。

阎锡山先后推荐同盟会会员常越任第 85 标教练官，南桂馨任 85 标军需官，马开崧任 86 标教练官，乔煦任第一营管带（营长），张瑜任第二营管带。新旧军力量对比已经形成新强旧弱之势。山西新军计有一个混成协（旅），下辖两标，共 4000 人，都驻防太原，大部分将校不是同盟会员就是阎锡山的同学。旧军共有十三个营 4000 人左右的兵力，驻扎在省城太原的只有三个营。

为了进一步发动军队，控制新军，作武装起义准备，阎锡山征集了拥当于全协人数十分之六的山西农工青年入伍。

阎从两标中挑选优秀士兵各自成立一个模范队作为起义的骨干，安排同盟会员王嗣昌、张德荣担任模范队队长。革命势力积极在基层官兵中发展组织。

武昌起义后，面对各省纷纷响应的形势，山西巡抚陆钟琦立即召集督练公所总办姚鸿发和协统谭振德等高级官员调巡防队两旗到太原守卫巡抚衙门和弹药库等要害部门，同时计划把不够安全的新军第85标调往永济、第86标调往大同。

同盟会核心成员阎锡山、张瑜、温寿泉、乔煦、南桂馨等紧急商讨对策，集体决定提前在太原发动起义。同时决定挑选30名勇敢善战的士兵组成先锋队，由杨彭龄率领，张煌带左队在后紧跟，进攻巡抚衙门。这天半夜，85标二营管带姚以价召集两营官兵，并以“不当亡国奴”的革命理论做宣传，首先在狄村营房大操场宣布起义。起义军顺利进入城内，第一营直扑满族集中居住的新满城（今新城街），第二营向巡抚衙门挺进，并很快攻占衙门。得知85标已经起义后，阎锡山急派傅存怀等带兵到子弹库领取子弹，并宣布第86标兵变，派第二营排长陈锦文守护军装局，第二营前队（模范队）排长张培梅、右队第三排排长金殿元率队到抚署西北酒仙桥，派右队队官王缵绪、后队队官吴信芳率部到抚署东北小二府巷，驱散了驻在那里守护抚署的巡防马队。阎锡山本人则亲临攻打新满城的前线督战，太原城守尉增禧缴械投降。至此太原起义即告成功，大清帝国在山西的封建专制统治从此结束。

太原起义后，雁北各地人民纷纷响应。同盟会员续桐溪、弓富魁等在五台县东冶镇起义，组成“忻、代、宁公团”，续桐溪担任团长，所部三千人，连克繁峙、应州、怀仁，所过之处，势如破竹，于12月5日抵大同。同盟会员李德懋、刘干臣等早在1907年就在大同进行革命宣传活动，1910年正式成立了支部。太原起义后，大同附近各州县农民纷纷揭竿而起，驻扎大同的大清帝国总兵王得胜派兵四出镇压。革命党人刘干臣、宋世杰、李国华等趁城内空虚之际，于11月30日夜晚发动起义，一举占领全城，其后成立大同军政府，推举李德懋为都督，李国华、刘干臣为副都督。军政府成立后，积极编练民军，准备防御帝国政府军队反攻，同时派人向忻代宁公团和太原请求援助。以后不久，袁世凯派郭殿邦指挥毅军和淮军各一部围攻大同，大同军民在续桐溪的指挥下坚守四十余日，最后撤出。

山西是辛亥革命中局势比较混乱的省份。革命时独立，旋又被北洋军夺取。武昌起义后，山西同盟会员即行响应。孙中山先生在1912年9月光临太原时说：“武昌起义不半载竟告成功，此实山西之力。”盛赞山西起义断绝南北交通，功劳巨大。（阎锡山：《阎锡山回忆录》，三晋出版社，2012年1月版，45—50页）

山西宣布独立的同一天。北方滦州驻扎的北洋新军第二十镇统制张绍曾联合第三镇统制卢永祥、第二混成协协统蓝天蔚等联名向帝国发出电报，要求立即召集国会，重新选举内阁，“皇族永远不得充任内阁总理大臣和国务大臣，国事犯之党人一律特赦擢用”，“滦州兵变”发生了。在滦州新军的压力下，帝国政府在下“罪己诏”的同时颁布了《十九信条》（宪法草案）。

帝国政府命令驻防保定的北洋第六镇统制吴禄贞率领所辖第十二协出兵石家庄，并相机向山西进攻。吴禄贞，字绶卿，湖北云梦人，早年参加自立军起义，中国留日第一期士官生，1902 年回国后先后担任武昌普通学堂会办、北京练兵处军学司训练科马队监督等职。1903 年，吴进入日本士官学校二期。1910 年，吴担任北洋第六镇统制之时已是革命党人。武昌起义后，第六镇第十一协被调往湖北，吴请求随军南下并相机发动兵变，此请被陆军大臣荫昌驳回。吴禄贞、张绍曾、蓝天蔚作为士官同学，一直以来就志同道合。武昌起义后，吴禄贞秘密联络北洋第二十镇统制张绍贞等人预谋发动华北革命。帝国政府在“滦州事件”后派吴禄贞赴滦宣慰，借助此次机会，吴在滦军中宣讲革命，军兵为之感动。（阎锡山：《阎锡山回忆录》，三晋出版社，2012 年 1 月版，45—48 页）

其后，帝国政府又派出吴禄贞出兵石家庄。吴乘机在山西民军驻地秘密会晤山西都督阎锡山，并定下组建燕晋联军截断京汉路，挥师北上的计划。11 月 2 日，吴禄贞截留了北洋军运往湖北的军火，并要求汉口停战。帝国政府任命吴禄贞署理山西巡抚，试图先安稳住吴。这时，因为北洋势力入湖北镇压革命，京津并无重兵防守，如果夹击北京计划成功，帝国政府无疑会面临顷刻瓦解的危险。

尽管士官三杰吴禄贞、张绍曾、蓝天蔚手握重兵，也并非顺风顺水。吴禄贞统带的北洋第六镇、张绍曾的第二十镇以及蓝天蔚的第二混成协都系北洋部队，军官出自北洋，还有淮军的影子，士兵都是北方的农民，官兵思想保守，受到袁世凯的影响很深。

11 月 7 日，吴禄贞被刺杀身亡，其他两人，张绍曾调任长江宣抚大臣，蓝天蔚在袁世凯的苛责下出走，后出任关外革命军大都督。滦州起义迅速被镇压，燕晋联军计划失败。年轻时代的冯玉祥受革命思潮影响曾参与过滦州起义，起义失败后，组织者王金铭、施从云、白雅雨等人被害，冯本人也被开除军籍，递解回籍。后遇前长官陆建章才意外获释并被起用。

14 日，帝国政府任命张锡銮为山西巡抚，命北洋第三镇曹锟部由奉天入关，准备攻取山西。12 月 13 日，民军在娘子关防卫失手，为保存革命力量，太原革命军分兵南北。其中，北路军在阎锡山统领下退兵归绥、包头。

第二章 | 中国近代化的方向

二十一　纷纷攘攘的风景

辛亥革命诞生了南京临时政府，这是中国人没有想到的。

在宣布独立的各省中，有三种影响政治的力量。旧有统治势力，以督抚为代表，曾一度处于涣散境地，面对革命声浪的冲击往往不战而逃，在西方势力无法极力东顾给予他们支持之时，虽经挫折却没有受到毁灭性打击。经历改头换面还是处于社会的支配地位。对于地方工商业者，除了上海由于工商业阶层实力强的原因主动参与了光复上海的行动外，一般情况下各地工商业者只是给予革命财力物力上的支助，协助维持社会治安。对青年学生、教师、记者等知识分子来说，他们投身到宣传的行列中，但缺之依托，难以深入到社会政治革新中。

1911 年，10 月 11 日湖北方面推举黎元洪为都督，17 日制定了《中华民国军政府暂行条例》，组织起湖北军政府。《民立报》社论评价："炮声隆隆，一胜一负之结果人人共知。"革命迅速向华东和华南扩展。面对革命大势，各地新军纷纷通过暴动取得胜利，参与革命的大多数为中下级官兵，由于缺乏社会声望和管理地方的经验，往往要寻找立宪派人士中有身份的人作为地方上的依托，参与到权力重构的政治决策中。

11月7日，上海光复。上海，作为立宪派的大本营，人烟辐辏。作为中国第一大都市，又有着与外国势力千丝万缕的联系。11月11日，沪军都督陈其美、江苏都督程德全、浙江都督汤寿潜联名倡议，在上海设立“临时会议机关”，要独立各省各派代表一人常驻上海。这一时间陈其美、程德全、汤寿潜组建江浙联军成功，准备攻打南京。11月15日，七省代表在上海率先成立各省都督府代表联合会，并邀请武汉方面派代表出席。武昌军政府都督黎元洪认为武昌是首义之地，坚持各省代表到武昌组织临时政府。

各省代表会议倡议代表们齐集上海，商讨选举中央临时政府的事情，这在清末中国是破天荒的事情，谁不在想象建国后自己省份的位置靠前一些，所以在哪里开会就成了不是问题的大问题。

各省代表由起义各省组织选出，都是各省活跃的头面人物。有宋教仁、蔡元培、章炳麟、林森等革命党人，也有林长民、汤尔和这样的立宪派名人，他们都是接受西方代议制的新式人物，但在筹建一个中央政府上，还是意见不一得很。

武昌首义后的南方革命军出现了武昌、上海（南京）两个中心的局面。在武汉战事正激烈之际，黄兴、宋教仁等人都在武汉。湖北代表动议，英国领事在汉口主张南北停战，以此应该由首义省份的鄂军政府为中央军政府。在汉口开会名正言顺。上海的代表联合会同意中央军政府暂设武昌，湖北都督执行中央政务，代表联合会移师武昌，但仍留一部分人在上海，担任联络、宣传工作。革命党人担心大权落到湖北，何况黎元洪是怎样委曲求全才当上了都督。加上湖北战事失利，汉口一场大火把街道商埠连同曾经的繁荣烧了个精光。即使黄兴担任了作战总司令，也难以扭转军事不利的局面。于是留在上海的代表重新推举黄兴为大元帅，黎元洪为副元帅。湖北方面自然不愿意失去首义成功的优势，与上海都督陈其美争个热闹。

11 月 22 日，南京城外的新军第九镇统制徐绍桢会同陈其美、赵声等人围攻南京，12 月 2 日成功破城。代表们又移师南京，并号召各省代表尽快集结南京。12 月 7 日，在黄兴的提议下，代表们投票将黄兴和黎元洪的位置调换过来，黎元洪出于客气没有到南京就职，而是委托黄兴全权组织政府。（张鸣：《辛亥：摇晃的中国》，广西师范大学出版社，2011 年 1 月版，286—287 页）

1911 年 12 月 21 日，孙中山从美国抵达香港。25 日，孙先生到达上海。原来意见不一的各省代表，在革命党人的积极支持下，17 省代表中有 16 票将临时政府总统的选票投给了孙中山，副总统黎元洪全票当选。29 日，新政府决定在政体上采用美国总统制。

二十二　政党政治的尝试

17世纪，政党最早出现于英国，18世纪末19世纪初，英国的党派政治已趋向成熟，到20世纪前后，政党政治在欧美各国已成为一种国家政治主导因素。当大清帝国在依赖新军作为最后稻草的企图塌陷后，建立一个西式的共和政府成为民族资产阶级的一时首选。辛亥革命后，西方社会学说大量涌入，近代中国似乎一下子进入到政党政治时期。大清帝国倒台后的权力缺失，使政党政治成为当时社会的热点，政党蓬勃兴起成为一种必然。

立宪派梁启超认为现代政治就是政党政治：以政党抵抗暴政，则暴政绝迹而不幸；以政党代表民情，则民情无微而弗达。“故文明之国，但闻有无国之党，不闻有无党之国。”（闾小波：《中国近代政治发展史》，高等教育出版社，2003年8月版，143页）

民国初年的政党作为中国最早出现的政党，仿照了西方资产阶级政党的模式。存在很多不足，呈现出一种病态的表现：党派林立、党争不休、党中见党、派复有派。北洋军阀和革命派都有军队力量作为依靠，彼此主张鲜明对立，而立宪派则倾向于左右逢源。

由于无组党限制，一时政党及政治团体争奇斗艳，有从革命党中分化出去的，有原立宪党人组织的，也有直接为北洋军阀所御用而成立的。

据有关资料统计，从1911年至1914年国会解散的三年多时间里，全国公开活动的各种会党多达682个，其中从事政治活动的党派为312个。除同盟会外，当时的政党还有共和党、民主党、统一党、自由党、统一共和党、中华社会党、中华进步党等。

林林总总的政治派别中，两大派别可谓斗得正劲：一是以孙中山、宋教仁为首的国民党，成员多为革命志士，强调民权，反对专制，以实现“共和”为最高理想。另一派是以梁启超、汤化龙、黎元洪为首的进步党（民主、共和、统一三党合并），成员以原立宪派为主，也曾与革命派有过一定程度的合作，也拥护民主共和制度，与旧官僚集团关系较深。

汤化龙（1874—1918），字济武，湖北蕲水（今浠水）人。民国时期政治家、法学家。早年留学日本学习法律。1908年回国，任湖北谘议局议长。1911年10月武昌起义后，参与组织湖北军政府并先后担任政事部部长、编制部部长。1913年当选民国首届国会众议院议长。曾与黎元洪、梁启超组建进步党。1916年国会复会，汤复任众议院议长。

袁世凯执政后，1912 年 4 月上旬，南京临时参议院迁至北京，5 月 1 日完成了新旧议院的交替，共选出 118 名参议员，他们基本上都是由各省都督所派遣的。此时，在临时参议院内同盟会与共和党各占 40 个席位，作为第三大党的统一共和党拥有 20 席位。8 月 25 日，宋教仁促成同盟会与一系列的小党合并改组成国民党。《国会选举法》及议员名额分配方案公布后，各党在全国各地组织竞选活动。

竞选中的国民党所向披靡，据李剑农统计，国民党在两院中共获得 392 席，较共和、统一、民主三党的总和还多 169 人。

1913 年 4 月 8 日，新一届国会开幕，原来的临时参议院宣告解散。两院议员多为社会知名人士受过新式教育，其中，有 170 人曾担任过清末谘议局的议员，150 人出身帝国官吏，106 人出身教育界。

国会成立不久，党争即开始。国会内以国民党为一派，以进步党（民主、共和、统一三党合并）为一派，围绕着宋教仁案、大借款案、宪法起草案等问题，展开了激烈的党争，议会议员们慷慨激昂、据理力争，热闹程度丝毫不亚于欧美各国议会。袁世凯曾经力图淡化民国政府与南京临时政府的法统联系，毕竟还是要按照南京临时政府参议院的决议行事，包括组织统一政府。即使千方百计也还是斩不断与南京临时政府的联系，承认了临时政府的合法性地位。

新国会在其运行时往往被人控制，经受磨难直到陷于瘫痪。为了使自己的权力尽量扩大，袁世凯使出了一系列的卑鄙手段。首先，他先是将共和党、民主党、统一党合并成进步党以对抗国民党。后利用高压手段，将国民党分化为 5 个政团。强求议员于定宪法之前先定总统。随着议员被收买，控制了内阁的袁世凯先是下令解散社会党和一切“煽乱”的政党，不久又下令解散国民党，后来干脆解散了国会。成立专门机构修改约法，出台《中华民国约法》（俗称“袁记约法”），废除责任内阁制，改行总统制，还使自己由任期总统成为终身大总统。民国初年的政党政治彻底破产。各个国家采取哪种发展模式要视其具体的历史背景和现实语境而定。近代中国制度变迁面临的环境，既不存在英美国家的“自发秩序”，也不存在德、日强有力的中央集权。近代中国的制度注定要走第三条道路。

民国初年中国民族资产阶级在政党政治运作上放弃外争民族独立，内谋经济发展、国家统一与社会进步的长远目标，而把主要精力放在争夺国会和内阁席位上，从而在政党政治的运作中酿成了严重错误。

在半殖民地半封建社会的特殊政治环境下，政党与军阀、议会与专制，原本互相排斥的东西，相互妥协、相互渗透，竟然相对“和谐”地统一起来。很显然，这与当时中国民族资产阶级的附庸地位有直接的关系，资产阶级也因此成不了制度变迁的主导力量，更不用说让他们掌握强有力的中央权威去推动制度变迁。

辛亥革命没有也不可能从根本上改变人们心中根深蒂固的对传统文化的共享信仰。党派利益与个人利益更是左右着政客们的情感倾向，因而模糊了对政治权威的理性构建。儒家文化中的忠君观念仍很顽强。人治观念也很难向法制观念转变，缺乏规范认同。

中国的新兴市民阶层不断成长和发育，资产阶级有了通过参与政治来维护自身利益的冲动，那样中国政党就会像西方政党一样。政党本身不是一个单纯的利益集团，而是具有某种政治目的的联合体。（马勇：《大变革时代：1985—1915年的中国》，经济科学出版社，2012年12月版，227—229页）“政党之于立宪政治，犹如鸟有两翼。非有立宪之说，则政党不能兴；若立宪之政无政党兴起，亦犹鸟之无双翼耳。”（《政党论》，《时务报》第17册，中华书局，1991年版）

如果说政党政治的主要功能在于协调和稳定社会秩序，特别是政治秩序，那么议会就会成为一种媒介和途径。

二十三　议会请你站在红线外

1912 年，民国元年产生了国会。先是 1912 年 3 月 13 日，唐绍仪出任国务总理并组阁。因为不同意袁世凯的专断，唐绍仪又不愿意成为傀儡一个，所以于 6 月提出辞职。其后原属同盟会的蔡元培（教育）、王宠惠（司法）、宋教仁（农林）、王正廷（工商）联名辞职，引起了民国政治的第一次危机。其后外交总长陆徵祥组阁失败，最后内务总长赵秉钧出任国务总理。

其后，宋教仁成功地将同盟会与统一共和党等四个小党合并为第一大党，这一年 12 月在国会大选中国民党大胜，宋教仁成为国会多数党的领袖。宋正准备离开上海北上，雄心勃勃搞一番议会政治，1913 年 3 月 20 日在上海火车站被刺，两日后身亡，年仅 31 岁，一颗政治新星陨落了。国民党与北京政府反目，孙中山、黄兴发动的“二次革命”不久失败，孙黄二人流亡海外。

清末为筹备“立宪”，帝国政府在宣武门内象房桥东（今天的宣武门西大街）的法律学堂（建于 1905 年）原址上设资政院，民国后改临时参议院。在法律学堂东边是大清帝国度支部拟建的财政学堂，国会众议院就利用财政学堂原址建筑，又在 1913 年建成一座（众议院议场）国会议场。整个构成了民国国会建筑群。

1913 年 4 月 8 日，国会正式开幕，地点设在原财政学堂。第一届国会，模仿美国而来，因此采用了两院制，参议员共有 274 人，众议员 596 人。参、众两院合计共有议员 841 人。而在国会成立前，临时参议院起到了国会的作用，中华民国第一届临时大总统孙中山和第二届临时大总统袁世凯就是临时参议院选举产生的。议员们首先公推议员中年事最高的云南参议员杨琼为临时主席，此后数月内依法进行了议会议长选举和中华民国大总统选举。经选举产生了国会全院委员长林森，参议院议长张继，副议长王正廷，众议院议长汤化龙，副议长陈国祥。

袁世凯拿了外国的一笔大借款，按理说要先得到议会审议通过，可袁要先签字再说，事后由陆军总长段祺瑞出面回应议会的质疑，最终参众两院也通过了，议员们也没有胆量对袁大总统的非法行为提出弹劾。

袁总统安抚了“二次革命”后，并没有同意国民党议员的离开，当时国民党籍议员约占 45% 左右，是国会第一大党。袁世凯抓住国会这一手心里的政治工具，急急忙忙逼国会先选出总统，再来定宪法，先把自己由临时大总统转正了。选举当天由军警化妆的公民团把国会围得水泄不通。议员们饥肠辘辘才勉强把总统选出来。之后，收缴国民党籍议员的证件，将他们赶出北京。从此国会因达不到法定人数，而歇菜了三年。

1918—1920年，成立了第二届国会，即所谓“安福国会”。1917年复辟之役后，7月14日，黎元洪通电引咎辞职，推副总统冯国璋继任大总统。段祺瑞以旧国会不良，断不能恢复，试图效仿辛亥革命先例，召集临时参议院，重定国会组织法及选举法，再行召集新国会，即所谓“再造共和”。11月10日，临时参议院举行开会式。14日，选举陆军上将王揖唐为议长，那彦图为副议长。参议院议员定额由274人减至168人，众议院议员定额由596人减至406人。参议院议员由地方选举会选出138人，其中22行省每省5名，川边及京兆、热河、察哈尔、绥远特别行政区各1名，蒙古15名，青海2名，西藏6名；由中央选举会选出30名。至1918年8月12日第二届国会成立，临时参议院解散。

第二届国会议员的竞选，仍多有暴力、金钱贿赂等不法行为被报道。参议员资格限制缩小了范围，方便了特殊人物当选。最为严重的是，为控制操纵选举，王揖唐等人于3月8日成立安福俱乐部，使国会沦为派系的政治斗争工具，利用国会招牌筹集巨款，公然贿买贿卖。引起西南广东、广西、云南、贵州、四川五省的一致反对，湖南、湖北、福建等省因战乱未及筹备，实际如期办理选举的仅14省及由北京政府选派的蒙藏青海议员，共选出参议员143人，众议员327人，两院合计470人。其中，安福系议员330余名，超过2/3多数，完全控制国会。交通系，有议员百余名。再有新交通系、讨论会系、研究系，所占议席都很少。

1920年7月爆发直皖战争，战后直系联合奉系控制北京政权，段祺瑞辞职。8月，大总统徐世昌宣布解散安福国会，并筹备新新国会的选举。新新国会由于没能按规定人数成会，成为一届流产的国会。1922年5月，直系在第一次直奉战争中取胜，控制北京政权。6月2日，徐世昌在曹锟、吴佩孚的逼迫下，自行宣告解除大总统职。11日，黎元洪到北京，通电暂行大总统职权。13日，黎元洪下令撤销1917年6月12日的解散国会令，再度恢复第一届国会。新新国会即告彻底流产。

1925年4月24日，段祺瑞正式下取消法统令。民国国会终于消失。民初国会制度短短13年，代议制、人民选举、多党竞争的形式，曾成为部分国人心目中的黄金时代。只是民国国会除了选举了总统，党争严重成为常态，其他的事情都没怎么做成。议会政治的关键在于排斥武力，诉诸议会政治，使军队转变成为国家政权的工具。

国会制度下无论是总统制还是内阁制，其根本原则在于分权。当时的中国，唯一拥有军权和行政权的只有袁世凯，但袁世凯的威望没有那么高，中国的宪政之父宋教仁被刺，袁世凯生怕国会实行内阁制后自己会被架空，于是袁必然走向与国会争斗和独裁的路线，直到称帝逆亡，于是国家元首成为军事强者的盘中物。共和时代，从一开始议会便于北洋军人似乎不对付，“二次革命”、护国战争、护法战争，只要是反对北洋政府的都有议会的影子。国会正是因为会成为军阀独裁权力的限制，于是国会屡屡被解散也就成为必然。在民主政治遭到武力侮辱之后，进行所谓的英勇顽强的“反袁”斗争，中国近代武力革命不断上演。

后来，梁启超也从国民性方面分析了国会的失败，“我们中国人的最大缺点，在没有组织能力，在没有法治精神”。他认为欧美人十个人合起来，力量就增加十倍，“中国人不然，多合了一个人，不唯力量不能加增，因冲突掣肘的结果，彼此能力相消，比前反倒减了。合的人越发多，力量便减到零度”。梁启超一针见血地说：“国会省议会，天天看见第几条第几项的在那里议，其实政府就没有把他当一回事，人民就没有把他当一回事，议员自身更没有把他当一回事。”梁启超认为人类的开化依赖于共同生活，总有一天会让中国人觉得缺乏良好的合作组织就没有办法生存。如果不把组织的良能重新激发出来，就不会在行动中表现出来。对于解释何为组织的良能？梁启超说：“只法治精神便是了。”（梁启超：《欧游心影录》，商务印书馆，2014 年 8 月版，38—41 页）

二十四　谈民主路途遥远悠长

戊戌维新失败后，中国人在民族危亡，面临瓜分豆剖的命运重压下，选择了革命。给人民以选择国家自由的权利，这就是民主，中国革命所要解决的基本问题之一。

1905年，同盟会成立之际，孙中山曾不无感慨地说："鄙人往年提倡民族主义，而应和之者特会党耳，至于中流社会以上之人，实为寥寥。"孙中山提出的纲领是带有共和制度要求的民主主义。它直接提出"群众生活及群众斗争问题，热情地同情被剥削劳动者，相信他们是正义的和有力量的。"（《对华战争》，《列宁选集》第一卷，人民出版社，1995年版，278—279页）

1897年9月，孙中山强调"人民自治是政治的极则"，提出共和是中国国民的需要。共和政治主张国家元首由国民选举，元首对国家和国民负责，国民有监督国家公职人员的权利，法律面前人人平等。"共和政治的本质在于用法治代替人治，以民主代替专制。"（林家有：《孙中山与中国近代化道路研究》，广东教育出版社，1999年11月版，368—369页）

孙中山政治民主化的核心就在于推翻封建专制政体，建立民主共和政体。就政治而言，民主共和体制实质上是和平的议会政治、政党政治，各政党都可以通过议会进行合法的游说、辩论，以引导和争取议会多数。袁世凯作为合法的总统，事实上也没有遵守民主宪法所赋予的义务和权力，只是凭借武力消灭政治上的对手，并利用合法总统的身份命令国家机器谋取个人政治私利。民初的政治家们都没有遵守民主政治的所谓游戏规则，成为民国初年政治黑暗的根本原因，也是新文化运动的旗手们试图从文化上解决中国问题的背景。

袁世凯主导下的中华民国没有沿着南京临时政府的思路走下去，更没有接纳孙中山的五权宪法、三民主义、军政训政宪政阶段理论。在一定程度上延续了清末十年宪政改革的成果。接着君主立宪的思路，将各省谘议局改造成议会，将巡抚或都督改称省长，将中央资政院改称国会，政府首脑过去对皇帝负责，现在对议会负责。（马勇：《百年变局》，中国工人出版社，2015 年 11 月版，252 页）

再谈到晚清新政，1906 年转化为预备立宪，所有主张立宪的人都在谈论集会、言论、出版。没有言论、出版自由，不可能实行宪政。根据这些原则，晚清帝国在最后几年里相继颁布了几个法规：1906 年颁布了《大清印刷物专律》《报章应守规则》；1907 年颁布了《报馆暂行条规》；以及 1908 年的《大清报律》和 1911 年的《钦定报律》；这些律条大致构成了晚清新闻出版法律体系。

所以此时颁布的几部法律，明确给报馆划出自由言论的边界：一是不能轻易、轻浮议论宫廷。这也是一般宪政国家的共同准则。二是不得立论怪异，不得妖言惑众，歪理邪说。三是不得有意攻讦，制造事端。四是不得写有偿新闻，妄受贿赂。

袁世凯当初赞成共和，并不等于他真的拥护共和，而是追逐总统的一种权宜之策。他本人信奉君主立宪，想要求部下及全国人民全都拥护君主立宪。美国人古德诺《共和与君主论》的文章更是证实了中国“大多数之人民智识，不甚高尚”，“中国如用君主制，较共和制为宜”的说法呼之欲出。日本人有贺长雄给袁世凯上了一道名曰《新式国家之三要件论》的条陈，认为中华民国不具备实行“新式共和制”必须具备的条件。

杨度（1875—1932），湖南省湘潭县人，原名承瓒，字皙子，别号虎公、释虎。清末反对礼教派的主要人物之一。戊戌变法期间，他接受康有为、梁启超等改良派的维新思想，反对帝国主义。光绪三十二年（1906 年）主编《中国新报》，发表《金铁主义说》，主张君主立宪。从清末到民初，杨度始则反对共和革命，继则参加袁世凯的复辟活动。他的君主立宪救国理论在实践中陷入破产境地。

“筹安六君子”中有五人对复辟帝制不遗余力。特别是杨度，他相信袁世凯能做到德国威廉一世和日本明治天皇的样子。他一直都认为中国不适宜共和，在他的《君宪救国论》中宣扬中国民众素质低下，“非君主不足以定乱，非立宪不足以求治”，只有帝制才能拯救中国。

1914 年，陈独秀写信给章士钊说：“国政剧变，视去年今日，不啻相隔五六世纪，革命已完全失败，曾经让人无限向往的共和理想，已成镜花水月。”

1915 年，袁世凯生怕章太炎先生反对他的皇帝梦，将章太炎幽禁在北京龙泉寺，仅弟子钱玄同可以随时进见。袁世凯每月供给生活费 500 元，雇厨子一人、听差两人以供侍奉。袁世凯任命梁启超为司法总长，随后又任命其为币制局总裁。这两个领域，需要改革更需要人才，只是袁世凯给不了也不会同意梁启超想要的司法独立，梁启超面对币制的混杂也显得无能为力。

梁启超，这时也痛心疾首地写文章说：“大抵爱国之义，本为人人所不学而知不虑而能，国民而至于不爱其国，则必执国命者厝其国于不可爱之地而已，譬诸人孰不爱其身，而当颠连困横疾痛惨怛之既极，则有祈速死者……”（梁启超：《痛定罪言》，《梁启超全集》，北京出版社，1999 年 7 月版，2776 页）

中国的问题只谈变更国体，不谈建立健全的政体，那么无论是共和制还是君主制，国家都是好不了的。1913 年 5 月，袁世凯解除了国民党籍都督的职务，用残酷的武力镇压了“二次革命”。1913 年 4 月，袁世凯获得 2500 万元的“善后大借款”。从此，外国银行团主导了中国的部分国家利益。外国人在中国政府任监督，盐政被置于外国控制之下。袁世凯还向外国人出让了驻路与采矿的特许权。袁世凯用这些钱发放军饷给自己的军队，安顿他的政府。从此也使袁氏走上了一条追求皇帝之路。梁启超发表《异哉所谓国体问题者》一文，激烈批驳袁世凯以君主立宪之名，行帝制恢复之实，对民国以来的政治现实进行了尖锐的批评。同年9月，梁启超在写给女儿的信中述说着自己的不能忍。袁世凯为此曾派人给梁启超送去20万元，希望他毁掉该文。梁启超将钱原封送还，声称："就令全国四万万人中，三万九千九百九十九人皆赞成（帝制），而梁某一人断不能赞成也！"（吴贯因：《丙辰从军日记》，《梁任公先生年谱长编初稿》第七册，上海人民出版社，1983年版，737页）这篇文章一经上海《大中华》月刊刊登，《申报》《时报》等大报迅速转载，引发了激情磅礴的护国运动。

二十五　中西文化的激荡和交融

早年推崇西方文明，晚年又重新回归孔孟思想的大思想家严复认为，中国近代社会的病症并非由帝国主义完全造就，其困境与落后百分之七十来自“内弊”。严复的认识清醒而深刻。

中西文明是两种体制与结构完全不同的文明，中华文明不论如何发展进化，不会诞生西方“船坚炮利”式的文明。也就是说，如果没有外部迫不得已的推动力量，没有西方文明的介入，古老的帝国将没有危机不会改革，长期处于自我陶醉的状态，仍走着千百年来封建王朝更替的轨道。

是鸦片战争打破了大清帝国的安宁，开启了一个崭新的时代。中华文明与西方文明的交流、碰撞加快进行，同时伴随着不懈的求索，连续的受挫……林则徐广东禁烟、洪秀全农民抗争、李鸿章长期引领洋务、康有为君主立宪改良、孙中山奔走革命……每次运动虽然都没有获得真正成功，但它们却是一环紧扣一环，好像哪一环也缺少不了。

费正清在《伟大的中国革命》一书中写道：“中国有一种深藏不露的文化优越感。当然，正因为这样，他们在现代落后状态中受到的耻辱感觉，也就格外强烈。总而言之，中国要现代化不得不比多数国家走得更远些，改变得更多些，就是因为它停滞不前为时太长了。结果是有一种强大的惰性扼制力，使中国的革命性变革有痉挛性，有时内部抑止住了，有时还带有破坏性。”

洋务运动的进程见证了“中体西用”思想的发展。1861年，冯桂芬在《校邠庐抗议》一书中提到“以中国之伦常名教为原本，辅以中国富强之术”。这是“中体西用”的最初表达。

> 冯桂芬（1809—1874），晚清思想家、散文家。字林一，号景亭，吴县（今江苏苏州）人，曾师从林则徐。道光二十年进士，同治初，入李鸿章幕府。重经世致用之学。在上海设广方言馆，培养西学人才。先后主讲金陵、上海、苏州诸书院。冯桂芬为改良主义之先驱人物，最早表达了洋务运动“中体西用”的思想。著有《校邠庐抗议》。

1880年，薛福成在《筹洋刍议》中说：“取西人气数之学，以卫吾尧、舜、禹、汤、文、武、周公之道。”可以看作是这一学说的延伸。1893年，郑观应在《盛世危言》中留下了极为清晰的评论：“中学其体也，西学其末也；主以中学，辅以西学。”

1898年5月，张之洞在其《劝学篇》中称：“新旧兼学，四书五经、中国史事、政书、地图为旧学；西政、西艺、西史为新学，旧学为体，新学为用。”作为洋务运动后期的领军人物，1907 年全国派出留日学生 5400 多名，仅湖北一省就派出了 1360 余名，占总体人数比例的四分之一。湖北新军编为第八镇，是仅次于北洋六镇的军事力量。慈禧太后对张之洞信赖有加，并推动《劝学篇》颁行天下。

中体西用之说，不得不承认西方资本主义文化有其优越之处，又不得不维护传统文化的本体地位，西方政教有被强行拉入中体之内的嫌疑。但它从曲折的意味上一定程度上肯定了西方资本主义制度和自身政治革新的要求。这种认可，到底为中华文化注入了新的营养，创造了一种当时代尽可能被接受的模式。（何晓明：《百年忧患》，东方出版中心，1997 年 6 月版，177—182 页）

进入 20 世纪以后，中国思想文化领域的争论焦点已经不是国别或地域文化，已经随着国家日益艰难转变为维护专制与追求个人自由的思想之间的矛盾冲突。面对民众的觉醒，在民族主义、国家主义进入中国后，专制主义和专制文化已经成为阻碍社会前进的主要思想力量。中国要进步，必须推开这一传统力量。

1915 年陈独秀《新青年》忠告青年，要避开党派政治，集中精力于思想觉醒与“民众运动”。他猛烈抨击中国传统文明是衰败、守旧与形式主义。从 1917 年起，陈独秀开始支持人权、科学与民主，这与儒家学说、传统主义与独裁统治是根本对立的。陈独秀将儒家学说与专制统治以及“封建主义”联系了起来，不仅宣称儒家的忠孝礼义是不道德的，将中国的落后也归咎于孔教的二千年流传。

1917 年 1 月，蔡元培赴任北京大学（初名京师大学堂），成为中国近代第一所国立大学的校长。蔡先生积极推动北大改制，“循思想自由原则、取兼容并包之义”，邀集当时各色学术名人进入北大。陈独秀受邀任文科学长，《新青年》由上海移至北大办刊，并吸引鲁迅、钱玄同、刘半农等加入编辑学人行列，胡适发表《文学改良刍议》并回国任教。

蔡元培力挽狂澜，改变京师大学堂遗留的官僚作风，一时间各种有志革新的青年人才汇聚北大。在这个试图自外于政治的学术阵地，围绕新思想和白话文运动，展开了中国近代文化最活跃的争论与变革。中国的文化范式和话语发生了巨大转型，引发了一个“三千年未有之变局”。

在新文化运动到来之前，支撑着传统价值体系的社会和政治体系已经崩塌：1905 年，科举考试被废除；1911 年，君主制崩溃；1912 年，时任教育总长的蔡元培宣布经学不再是必修课程；同年，大清律例被废除。1912 年南京临时政府教育部明令全国各地中小学校，废止了读经和拜孔之礼。自此，孔子的独尊地位已不复存在。

到了 1917 年，代议制与独裁制度在中国都趋向于荆棘难行，整个社会变革充盈着激进的气氛。袁世凯死后，民国政治进入封建军阀与传统士绅脆弱的政治联盟。“虽曾有过议会，但没有成立议会政治；虽曾有过内阁，但没有构成内阁制”，只是个“没有共和党人的共和国”。

早在 1916 年，陈独秀在《新青年》杂志发表《一九一六年》。他写道："吾国年来政象，惟有党派运动，而无国民运动……吾国之维新也、复古也、共和也、帝政也，皆政府党与在野党之所主张抗斗，而国民若观对岸之火，熟视而无所容心；其结果也，不过党派之胜负，于国民根本之进步，必无与焉。"新思想运动关注方向也从上层政治开始向底层国民转移。

1917 年参与新文化运动的新知识分子，区别于传统"士大夫"，反政治的态度非常明确。甲午之后，很多年轻的知识分子从"中华帝国"的上升阶梯分离出来，立身于学术独立和"为学术而学术"的社会情势之中。

1917 年是文化人物活跃的一年，从本土文人到留学归者，思想活跃，心系中国。蔡元培、胡适、陈独秀、傅斯年、鲁迅、李大钊、蒋梦麟、章士钊、钱玄同、刘半农……这些名字注定会照亮中国近现代思想史的天空。

"新文化是与旧文化相对而言，是对千百年来的历史沉积而成的旧文化的扬弃和超越。"1916 年，陈独秀说："孔教之精华曰礼教，为吾国伦理政治之根本。其存废为吾国早当解决之问题，应在国体宪法问题解决之先。"于是，排除孔子在中国人心目中的地位成为观念形态革命的起点。（陈旭麓：《近代中国社会的新陈代谢》，上海社会科学院出版社，2012 年 6 月版，415—417 页）

如果说梁启超的"新民说"，章太炎的非孔言论，已经触及孔子学说的痛处。20 世纪初年，无政府主义者声明"排孔"，他们指出"孔丘砌专制政府之墓，以涂毒吾同胞者，二千余年矣"。

胡适曾说："这一年（1919）之中，至少出了四百种白话报。内中如上海的《星期评论》，如《建设》，如《解放与改造》，如《少年中国》，都有很好的贡献。"（胡适：《五十年来中国之文学》，《胡适文集》，北京大学出版社，1998年11月版，260页）

1920年，北京政府发布训令，要求国民学校改国文为白话文。文言教科书将分期作废，各科教科书改用白话文。胡适称这一道命令把中国教育的革新至少提早了二十年。整个文学革命运动都在狂飙式的进行中。

二十六　军事向西看的先河

中国没有主动向外国学习的传统，从第一次鸦片战争后到第二次鸦片战争期间，鲜有向外学习的论调。林则徐曾奏议“以（粤海）关税十分之一，制炮造船，则制夷已可裕如”（《林则徐集·奏稿》中册，中华书局，1965 年版，885 页），道光皇帝用“一片胡言”作了回应的结束语。

第二次鸦片战争过程中，随着大清帝国军队对洋枪洋炮的需求，官员们逐渐有了引进之外自造的想法。

曾国藩在与太平军作战的过程中，先是奏请咸丰皇帝支持湘军装备西式武器，1861 年在安庆设军械所，“师夷智”制造洋枪洋炮。曾国藩开创了中国近代最早的军工企业，生产弹药、造枪造炮，还试制蒸汽机，乃至建造轮船兵舰。军械所先后由安庆迁南京再迁上海，1866 年并入李鸿章所开办的金陵机器局。

与曾国藩一样，李鸿章后来的发起也缘于太平天国。李鸿章在安徽帮办团练的五年时间内，先后入工部侍郎吕贤基、安徽巡抚周天爵幕府参与军事谋划，理想与志气并不能很好舒展。李鸿章后来进入湘军幕府。曾国藩知人爱才，视李为左膀右臂。后有幸创建淮军，进入上海。他在淮军中首先更新使用欧洲洋枪武器，使得淮军的战斗力迅速上升。其后组建了中国近代第一支炮兵部队。

洋务军工制作始于安庆军械所。1865 年，由曾国藩支持，李鸿章筹办，在上海成立了最大的军火工厂江南制造总局。同年，李鸿章在南京设立金陵机器局。1866 年，左宗棠在福州设立福州船政局。1867 年，崇厚在天津设立天津机器局。（陈旭麓：《近代中国社会的新陈代谢》，上海社会科学院出版社，2012 年 6 月版，116—118 页）

左宗棠在福建与太平军作战，就开始在军中推广使用洋枪洋炮。1866 年离开福建战场时，所聘请洋人技师监造的开花炮达 100 余尊。

曾、李、左三人为帝国政府开启大型现代军工的创建打下了基础。初期的军工企业生产设备落后，产品质量较差，但不失为成功的尝试。江南制造总局和福州船政局是洋务派所创办的两个成绩突出的企业。

其后，各省督抚都鉴于购置洋枪洋炮价格昂贵、采买不便，各局在产枪炮供不应求的状况，开始相继在各重要城市创办军工企业。到 1884 年，军工企业遍及 18 行省，大小共有 32 家。其后 10 年仅有 2 家出现，即创办于 1885 年的台湾机器局和 1890 年投产的最大的军工企业湖北枪炮厂。其中 24 家企业的生产一直持续到 1894 年。

在生产结构上，福州船政局、旅顺船坞等 4 家专门制造轮船，江南制造总局和广东机器局兼生产枪炮和轮船，其余都主要制造枪炮、子弹和火药。这些军工企业完全由官府承办和管理，委派官员，下拨经费，制定生产计划，配备产品。洋务军用企业具有一定的资本主义现代工业的属性和特点。（张海鹏主编：《中国近代通史》，江苏人民出版社，2007 年 1 月版，92—95 页）

李鸿章作为大清帝国大兴洋务的著名人士，他的起步实则由军务开始，从洋人手中购买枪炮再到自己建厂生产所需弹药，制造各式武器。由军事而工商，由制器走向全面学习。如果说曾国藩是洋务运动最早的开创者，那么李鸿章则是其坚定不移的继承者和发扬者。

李鸿章以军事自强为切入点“用夷变夏”，全面学习西方的洋务运动。主要包括四个方面：一为交通，办电报修铁路，他在天津设立电报总局自办电报事业，在开平煤矿修筑轨距、质量与英国完全相同、全长十一公里的铁路，又组建开平铁路公司（后改组为中国铁路公司），修筑唐芦铁路、唐津铁路、关东铁路等；二为矿业，创建开平煤矿，设立开平矿务局，开办漠河金矿等；三为民办工业，创办轮船招商局，这是李鸿章创办最早的官督商办企业，也是中国近代工矿企业中规模最大、引进西方技术与管理方式最早的民用企业；四为商业，组织公司寻找机会积极与西人通商。

中国的军事改革，只是想单纯改善武器装备来提高军队的战斗力。士兵的素质低得可怜，即使有了军校生也被社会瞧不起，军官并不会被作为绅士来看待。相反进了军校的稍有文化的人，依旧想着考科举。军校的在校生考上了秀才还会得到表彰。北洋武备学堂的冯国璋考上了文秀才，在当时还是很轰动的事件。

不管怎么说，洋务运动开启了近代军事化，成为中国早期工业化的开端。

二十七　洋洋东海看我龙旗

1874年，恭亲王向皇帝呈交了一份奏疏，指出日本侵犯台湾事件，大清帝国苦于实力空虚，没有防御良策，如果西洋各国都观察动静，竞相仿效侵犯我们，帝国政府简直无法应付。

在这个奏折里，恭亲王提出练兵、造船、筹饷、用人等建议，经皇帝批准，这个文件秘密寄给各地封疆大吏，此后遂引发了大清帝国关于海防建设的讨论。

前江苏巡抚丁日昌所拟《海洋水师章程》送达帝国京师。早在1867年，时任江苏布政使的丁日昌，曾建议改革中国水师，分别由北洋提督、中洋提督、南洋提督统帅。北洋提督驻大沽，下属直隶、盛京、山东各海口；中洋提督驻吴淞口，下属江苏、浙江各海口；南洋提督驻厦门，下属福建、广东各海口。这应该是最早提出的三洋水师构想。

《海洋水师章程》建言：一、外海水师，专用大兵轮及招募驾驶之人；二、沿海择要修筑炮台；三、选练陆兵；四、沿海地方官精择仁廉干练之员；五、北东南三洋联为一气；六、精设机器局。总理衙门提出，召集沿江沿海各大臣及在廷王大臣集中讨论《海洋水师章程》。中央洋务集团的重要首脑大学士文祥上奏，进一步强调了加强海防的问题。文祥透过日本侵台事件已经看到，日本将成为中华民族最危险的敌人。

丁日昌在此章程中提出：大清帝国可以组建北洋、东洋、南洋三支水师，由北向南划分区域守卫东南海疆。“海上交锋，纵有百号艇船，不敌一号大兵轮船”，每支水师需配备新式军舰6艘，根驳轮船10艘。

丁日昌（1823—1882），广东丰顺人，1861年进入曾国藩幕府，其后督办火器的研制和生产。1864年夏，任苏淞太道，督办江南制造局，后调任两淮盐运使、江苏布政使。1868年任江苏巡抚，1875年9月任福州船政大臣，次年署理福建巡抚。

1875年5月30日，关于组建海军的议论尘埃落定，大清帝国发布上谕，确定先建立南洋、北洋两支海军，“着派李鸿章督办北洋海防事宜，派沈葆桢督办南洋海防事宜”，可以先购一二铁甲舰，以后再增。帝国政府决定每年拨付资金400万两白银。对于有限却又颇为珍贵的资金的使用，沈葆桢以大局为重，认为“外海水师以先尽北洋创办为宜，分之则难免实力薄而成功缓”，提出优先建设北洋水师，待北洋水师发展壮大之后，“以一化三，变为三洋水师”。这样，李鸿章督办的北洋水师自然得以优先发展。

1875年，海军建设尚处于争论待定之时，李鸿章与总税务司赫德便商议过订购军舰的事宜。李意欲购买4艘英国生产的排水量不大的“伦道尔”式小型军舰。1877 年，李鸿章向英国船厂订购了“超勇”“扬威”两艘巡洋舰。舰艇的排水量为 1350 吨，马力 2400 匹，航速为 15 节，配备口径为 10 英寸的主炮。左宗棠随后从德国为南洋水师订购了两艘巡洋舰。

19 世纪后期，世界上已经出现了以蒸汽为动力的战列舰，排水量一般为七八千吨，甚至超过万吨，航速可达到十四五节；1880 年，李鸿章派人到欧洲考察订购铁甲舰，在德国伏耳铿公司订造了“定远”号中国第一艘铁甲舰，次年夏天订造了“镇远”号铁甲舰，总花费约为 340 万两白银。1885 年 10 月交付使用，从此帝国海军的军旗——龙旗升起在北洋铁甲舰上，“定远”号成为北洋舰队的旗舰。

“定远”“镇远”号铁甲舰标准排水量 7144 吨，满载排水量 7335 吨，马力 6000 匹（定远）和 7200 匹（镇远），航速分别为 14.5 节（定远）和 15.4 节（镇远），配置“克虏伯”305 毫米主炮。北洋舰队发展迅速，五年后共拥有各类舰艇 50 多艘，总排水量超过 4 万吨。1888 年 12 月 17 日，北洋海军正式成立，驻地威海刘公岛。北洋加上南洋海军和广东军舰，帝国海军力量跃居世界第 7 位，亚洲第一。

为了加固海防，北洋海军在旅顺、大连、威海卫建立了炮台要塞。为培养自己的海军人才，建立福州船政学堂。福州船政学堂分前学堂和后学堂。前学堂培养造船人才，使用法语教课；后学堂教授轮船驾驶技术，用英语授课。

福州船政学堂第一次所招学生大都是福建人，其中有罗丰禄、刘步蟾、方伯谦、林同书、林泰曾、严复、陈毓淞、林永升等人。其后，福州船政学堂招收过一批广东学生，如邓世昌、李和、张成、林国祥、卓关略等人。经过学习和实践，福州船政学堂的学员基本能够胜任轮船制造和驾驶。1875 年，船政学堂向英、法等国派出少数留学生，观摩、学习船政。1877 年 3 月 31 日，超过三十名留学生离开福州前往英、法等国学习海军。其中刘步蟾、方伯谦、萨镇冰等人后来都成为海军界有影响力的人物。1877 年年底，福州船政学堂又派出 5 名艺徒前往法国学习。1879 年，福州船政学堂第二批 10 名学员被派往国外留学。

严复（1854—1921），福建侯官人，1867 年入福州船政学堂学习驾驶，1877 年赴英国格林威治海军学院学习海军，回国后任教于福州船政学堂和天津北洋水师学堂。甲午战争后主张变法。他翻译了《天演论》《原富》《法意》等西方学术名著，成为中国近代史上开启民智的代表人物。

1879 年冬天，“北洋现筹添购快碰、铁甲等船，需人甚众”，李鸿章开始筹备天津水师学堂。1881 年 8 月，天津水师学堂开始招生，教习人员中多为外国人，严复曾经长期担任总教习。至 1894 年，天津水师学堂毕业学生 147 名，办学质量很快超过福州船政学堂。前后从天津水师学堂共毕业了 200 余人，都被吸收进入北洋海军，包括后来民国时期的大总统黎元洪、南开大学校长张伯苓等人。

后来，福州船政学堂毕业的刘步蟾、邓世昌、方伯谦等人成为北洋海军的主要将领，比如，刘步蟾任“定远”舰管带，邓世昌任“致远”舰管带，林泰曾任“镇远”舰管带，方伯谦任“济远”舰管带。

建立一支近代化的海军花费是巨大的，缺乏资金供应，海军建设寸步难行，李鸿章依托帝国政府下拨的400万两海军经费却常常被克扣和挪用，军舰购买、军港建设、日常开支期许待补，具体办事困难重重。李鸿章叹息道：“凡事非财不行，而北洋三省财力最窘，无别可筹之款……适当兹经费支绌之地，彷徨无措，展布何从？”

帝国政府的财政左支右绌，400万两海军经费便容易成为挤占、挪用的对象。部分省份遭遇大旱、地方教案、军事用银等，部分侵占海军经费。还有慈禧修建颐和园的事儿多认为挪用了大量的海军经费。

帝国政府组建南、北洋海军的初衷，还是意识到了来自日本的威胁。1874年日本侵犯台湾，其后步步紧逼，吞并琉球，进入朝鲜。李鸿章等人一心密切关注东海，却不料西南方风暴骤至。法国侵入越南，并侵犯台湾。1882年，法国作为世界第二大海军大国，已拥有38艘铁甲舰，9艘岸防铁甲舰，50艘巡洋舰、炮舰和60艘鱼雷艇，总吨位达50余万吨。

李鸿章相当关注北洋水师的日常训练，按照《北洋海军章程》进行严格管理。在引进西方先进舰艇装备的同时，还聘请了一些外籍教官训练北洋水师。英国人琅威理曾任北洋水师教练官。

北洋海军的经费始终很紧张。据《龙旗飘扬的舰队——中国近代海军兴衰史》一书记载：从1875年至1880年，北洋水师每年收入海防经费为80万两；1881年、1882年平均每年有114万两；1883年、1884年平均只有65.6万两，李鸿章只能提用淮军军费和长芦运银库银两弥补不足；1885年收入73.3万两，又动用直隶海防捐输弥补。

由于经费紧张，1884年以后的近十年，北洋水师没有财力购置新的战舰，帝国的海军实力最终被日本赶超。当1886年“定远”“镇远”出现在日本长崎港进行检修时带给日本民间的是惊骇，时隔五年后北洋水师进入日本横滨港进行访问时，带给日本海军的感觉就是清帝国海军的军容并没有那么整齐。1894年甲午战争前夕，北洋舰队已经出现了机器老化、武器陈旧等问题。日本海军已拥有主力军舰31艘，其中铁甲舰3艘，巡洋舰11艘，炮舰17艘，大多数军舰性能特别是航速已经超过清帝国海军。

北洋海军覆没的根本原因是腐朽的帝制，促进它走向衰败的主要原因仍然是腐朽的社会环境。大清帝国日益腐朽的体制难以支撑起中华抵御外侮的事业。

二十八　起伏军阀话北洋

两次鸦片战争中国战败，被迫开放口岸，最初开放口岸多分布于长江以南，北方开放各口时间多在其后，管理上一般称呼长江以南为南洋各口，以北称北洋各口。分管的五口通商大臣、三口通商大臣，最后固定称呼为南洋通商大臣和北洋通商大臣。南洋大臣管理南部中国沿海、沿江各通商口岸通商、海防事务。北洋大臣在 1870 年以后负责管理直隶、山东、奉天三省通商、海防、洋务，包括关税、军工等事物。南北通商大臣逐渐变成专职，由两江总督（或两广总督）、直隶总督兼领，成为晚清帝国经济变革和政治变革的重大事件。（马勇：《百年变局》，中国工人出版社，2015 年 11 月版，40—41 页）南北洋通商大臣之所以由专派改为由总督兼领，更多是因为实权总督便于办事，尤其是兴办富国强兵的洋务。习惯上也将长江南北的沿海海域分别称为南洋、北洋，将南北洋大臣管辖的省份也称为南洋、北洋。这样民国时北洋的泛用，便是因为北洋系军人控制了北京政权的缘故。

1894 年，德国军官汉纳根提议着手编练 10 万新军，采用西洋武器，而且用西式编制，接受西式训练。年底由于帝国的经济状况，胡燏棻尝试招募了十营新兵，名为定武军，驻扎天津马厂。聘请德国人担任教练，找来北洋武备学堂的优秀毕业生吴金彪、曹锟、田中玉、刘承恩等人参与练兵事务。

其后，由于马场地域狭小，定武军移驻小站。1895 年十月，胡燏棻调任督造津芦铁路，曾经在朝鲜大造声名的袁世凯接任小站练兵事业着手编练新军，后改称号为新建陆军。

袁世凯训练新军建章选士用人自是迥然与常人不同。正是因为袁世凯的精心谋划，北洋新军成为清末民初最重要的军事政治力量。

新建陆军完全采取日本和德国的军事建制，分为步兵、炮兵、马队、工程、辎重（后勤）等各兵种，作战单元分为镇、协、标、营、队、棚，这就是我们今天的师、旅、团、营、连、排的军队基本建构。

小站新军使用西式的步枪、马枪和速射炮，装备雨具、望远镜、电台等新式装备。在征兵方面，制订的标准，要求年龄必须在 20 到 25 岁之间，对力量和步行速度都有要求，比如步行速度每小时要达到 20 里以上。待遇上极为优厚：营长月银 100 两，外加 300 两的公务费。一个普通士兵月银 4 两 5 钱，合当时三石米的价钱。袁世凯非常重视军事教育，开设“行营武备学堂”，设置炮兵、步兵、骑兵、德文课程，把编练新军与军事学堂相结合。袁世凯还从每月的薪金中取出 200 两作为奖学金。

在用人上选用故旧亲朋，选用北洋武备学堂的毕业生，选用淮军的老将。

选用自己熟识的人，一部分作为自己的幕僚，一部分充当耳目进入下层。袁幕的代表人物，是当时的翰林徐世昌。袁世凯训练新军，徐世昌主动来到参谋营务处效力，薪饷为月银160两。其后，徐对新军的建章立制出力不少。唐绍仪，袁驻扎朝鲜时任西文翻译，后在袁身边担任文案。此外，还有袁世凯的表弟刘永庆掌管了新军的粮饷军械，江朝宗担任参谋营务处及兵官学堂监督。

1885年，李鸿章开设北洋武备学堂，培养新式人才。但因为军队中的等级观念、地域观念影响，这些人中的大多数并没有得到重用。袁世凯的新建陆军中又急需军事人才，他让北洋武备学堂的总办荫昌为其推荐，于是后来的北洋三杰：龙杰王士珍、虎杰段祺瑞、狗杰冯国璋就这样被袁世凯挖到手中。袁世凯破格提拔他们，给予待遇让他们担任要职。此外还有曹锟（后来的民国总统）、段芝贵（后来袁世凯的义子）、陆建章（冯玉祥的舅舅）、张怀芝（后来的山东督军）、王占元（后来的湖北督军）、陈光远（后来的江西督军）、靳云鹏（后来的内阁总理）等人都被集中到了袁的帐下。

淮军旧将有姜桂题、张勋、孟恩远（后来的吉林督军）。小站练兵培养了一大批近代军事将领和人才，成为中国近代军事体制变革的一个起点，为此后北洋派系的异军突起，为袁世凯的上升奠定了政治基础。李鸿章组建了新式海军，其后组建了新建陆军的袁世凯成为真正拉开近代军事变革大幕的人。

袁世凯统治时期被称为北京政府时期，而将袁世凯之后称为北洋军阀统治时期。不过，段祺瑞虽然掌控大权自诩北洋正统，一定程度上已经成为文官，并无私兵，他的军阀身份确切来说很难界定。

早在袁世凯时期，北洋一脉的人物相互之间和对外喜欢自称“北洋团体”。袁世凯之后，段祺瑞、冯国璋等人在公开文电中，多以北方军人自称。

“北洋政府”的指称，到了北伐成功之后的国民政府时期才逐渐增多。《北洋政府职官年表》《北洋政府时期的政治制度》等文献多采用这样的称呼，这一时期的政府公报也名为《北洋公报》。

北洋军人群体，在民国初年往往拥兵自重、据地称雄，被反对派的人称为军阀，因此北京政府时期又称为北洋军阀统治时期。

1918 年底，陈独秀认为军阀是“毫无知识，毫无功能，专门干预政治、破坏国法、马贼式的、恶丐式的”人物。1918 年底至 1919 年，梁启超在《欧游心影录》中曾说：“军阀之为政，以刚强自喜，而结果也，必陷于优柔而自亡，外强中干，上刚而下柔，是其征也。”梁启超欧游之前很少使用“军阀”一词，而在归国后却多次使用这一称谓，可见欧战的影响也是近代中国“军阀”一词的来源之一。

民国以后，北洋军阀集团操纵了北京政权。政治领域仍然是一种中西思想的结合。虽然并不公开宣扬“君权”，但尊奉讲求的仍然是封建主义的伦常关系；采用了西方的军事规范武器装备，借用了西方的资产阶级民主制度，宪法、议会、选举等。所以，民国政府只是军阀政权罢了。西方民主形式的装扮改变不了其呼之欲出的封建性目标。最终走上解散国会、利用政党的政治之路，直至试图重新实行帝制的人多是旧的北洋军人。

二十九　中国新生阶级与经济近代化

洋务军事企业在19世纪70年代渐入佳境。这个时间节点，出现了最初的洋务民用企业。一方面，参与洋务的商人看到西方在中国攫取利益；另一方面，西人进入内地办商务之事越来越多，遂出现为了利权与洋人“商战”一说，滋生出洋务派兴办民用工业的想法。主要投资企业包括：1872年设立的上海轮船招商局，1877年设于滦州的开平矿务局，1887年设立的漠河金矿，1880年修筑的唐山—胥各庄铁路，1882年设立的上海机器织布局（1893年毁于火灾，后更名为华盛纺织总厂），1889年设立的湖北织布官局。此外，还有火柴业、电报局等洋务企业。

到甲午战争之前，民用企业总数已达40多个。各类近代企业大体上都已经出现，也具备资本主义企业的特点。洋务运动中的民用工业，带有资本主义生产关系，其本身的资本主义性质已被今日世界评论所公认。洋务工业的官督商办和官商合办，官领其总，商出资本，无疑打破了封建主义的坚冰。“官督”所带来的腐朽的官场习气，产生了与资本主义生产方式的深刻矛盾，垄断性又极大地抑制着资本主义自由竞争，不同程度地造成了民族资本主义发展的困难。

1894 年，洋务派所累积创办的民用企业已涉及航运、采矿、电信、冶金等部门，民用产业的实存资本总额达 3961 万元，加上军用产业实存资本总额 1071 万元，合计达 5032 万元，占当时中国产业实存资本总数 6749 万元的 74% 以上，成为当时中国资本主义企业的主体。（张海鹏主编：《中国近代通史》第 3 卷，江苏人民出版社，2007 年 1 月版，335—340 页）

甲午战争前，官督商办的资本运营远远超过商办，民族资本主义的商办企业数量很少。甲午战争后，就 1895 年到 1898 年有资本额可查的一万元以上的 80 家厂矿加以比较，其中商办企业 62 家，资本额 12465（千元），占资本总额的 70%，而官督商办和官办只占 30%。（汪敬虞：《中国近代工业史资料》第二辑下册，科学出版社，1957 年版，869—919 页）

甲午战争后官督商办、官办和商办三类资本额的比例和战前相比有了显著不同，民族资本从劣势转向优势，在纺织等轻工业部门更为明显。甲午战争后的 4 年中，中国民族华商纱厂全国纱锭总数是逐年增长的，据有关统计资料显示 1896 年的全国华商纱锭总数比 1895 年增加 6. 3%；1897 年比 1896 年增加 25. 7%；1898 年比 1897 年增加 30. 5%，比 1895 年增加 76% 以上。甲午战后中国民族资本主义获得了初步发展。

1885—1894 年间创办民营企业的大致有 55 人，其中有布政使衔的 2 人，候补道、候选道 5 人，候补知府、候补知县6人，其他佐贰杂职7人。甲午战争后，1895—1900年新办的64家民营企业，其创办人中有卿、寺、布政使衔的有5人，候补道9人，候补候选知府、知州、知县17人，其他佐贰杂职28人。针对1878—1907年的10家民营毛纺厂统计，创始人中的半数都有捐官的身份。稍有点经济能力的商人都要捐纳一个官员的身份，便于与官方沟通，不时能得到第一手的讯息，抢占商业先机，更有机会享受官方推出的诸如税收减免等优惠政策。

戊戌变法前的三年，清帝国在学习西方、除旧布新方面进步很大，着重发展私营工商业开始被民间广泛接受。1894—1913年间中国的民族资本工矿业以平均每年15.3%的速度在增长。（许涤新、吴承明主编：《中国资本主义发展史》第二卷，人民出版社，1990年版，682页）清末新政中奖励实业的政策为中国资本主义的发展创造了有利条件。1905年到1910年，国内新设厂矿企业出现了一个新的高峰，其中资本在万元以上的企业有209家，共拥有资本7525.5万元。同1895年至1898年出现过的高峰相比，其资本力量更强，投资范围更广。

1897年，中国通商银行经帝国政府批准成立，这是国人自办的最早的现代银行。银行的产生是中国民族资本主义发展中对资金的要求和对信用的利用不断积累的产物，对民族资本主义工商业的支持作用也越来越大。

南京临时政府通过《商业银行条例》，鼓励民间开办银行。1912年孙中山自任中华实业银行名誉总董。清末最后十余年创设银行不过 17 家左右，1912 年新开设银行达 14 家。通商银行，对商号的放款从初期的 20—90 万两增加到 1905 年的二三百万两，辛亥革命前有 14 家工业企业与通商银行有贷款业务。1907 年成立的浙江兴业银行以发展工商业为原则，1919 年以后对工商业放款比例超出总量的 40%。上海商业储蓄银行提出“服务社会，辅助工商实业”的口号发展业务。总的来说，近代银行业对工商业的放款是逐年增长的。作为协调地方工商业发展的商务局也在各地逐步设立。

孙中山让位于袁世凯之后，中国出现了一段时间的经济建设热潮，孙中山曾期望致力于铁路的建设与开发，黄兴也准备解甲归田从事实业，章太炎一度放弃书斋生涯投身东三省的实业建设和边疆开发。中国的经济进入一个黄金时期。1912 年到 1919 年间，华侨回国投资企业达 1042 家，此时出现了面粉和缫丝行业的知名轻工企业，如无锡荣氏兄弟、南通张謇所办的实业。一战前中国民族工商业发展较快，一战后发展速度更快。到了 1914 年和 1915 年，民国政府实现了财政收支平衡，并且略有盈余。

革命派和立宪派都有振兴实业的欲望。由美归国途中的孙中山宣称：“此后社会当以工商实业为竞点，为新中国开一新局面。”他在就任临时大总统以后，倡导实业尤为尽力。据《农商部统计报告》资料显示，关于民间开设工厂：1910 年为 986 家，1911 年为 787 家，1912 年为 1502 家，1913 年为 1378 家，1914 年为 1123 家。（陈旭麓：《近代中国社会的新陈代谢》，中国人民大学出版社，2012 年 6 月版，336—

338 页）数字的背后反映出辛亥革命后实业有所发展，从工人的数量变化上也可以反映出来。中国近代产业工人辛亥革命前为50—60万人，1919年达到200万人。

第一次世界大战后中国近代工业也有所发展，随着工业利润成倍地增长，军阀从土地投资纷纷转向工业投资。特别是在天津地区，从1914年至1925年近十年间新建工厂26家，其中北洋军阀人士投资了11家，占新建工厂总数的42.3%。11家工厂资本总额是1520万元，占26家资本总额2926万元的53.7%。1918年开业的裕元纱厂董事会的主要成员多为安福系的官僚，包括国务总理段祺瑞、安徽督军倪嗣冲、陆军次长徐树铮等人。（来新夏：《北洋军阀史》，东方出版中心，2011年5月版，22—24页）

投资经营近代工业的民族商人群体，其发展从一开始就受到外国资本主义经济势力以及官僚买办势力的阻碍。他们与外国资本主义势力和国内封建势力在发展上不可避免会产生矛盾。他们投资于新式企业的出发点多是想得到更大的利润。他们中的多数拥有大量土地，有些企业主一方面投资新式工业，同时经营着钱庄、典当行，他们身份上多是在职的或候补官僚，这种经济上的双重性，决定了政治上的双重性。由于他们投资工业渴望参与政权，借以维护和扩大他们的利益，他们要求“民主”和改革。同时，他们与封建地主阶级的联系，又使得他们希望在不触犯地主阶级根本利益的基础上求得发展资本主义的条件。这就是中国民族资本主义发展中的困境心态。

三十 新式教育的起步

魏源最早提出局部改革科举制度，考选造船制器和驾驶轮船的人才。他对科举制度的腐朽了解甚深，建议从经济入手，在学习外国的过程中调整官民关系，调整不同社会利益集团之间的关系，已经触及社会机制运行的根本。魏源的“筹海”方案，在鸦片战争的时代是完备和高明的。从此，中国掀起了一股向西方学习的思潮。魏源是近代中国当之无愧的改革先驱。此后，教会学校兴起、新式学堂的不断创办、西学书籍大量被翻译，中国教育近代化的序幕正式开启。

社会变革的先声是思想上的变革，没有思想上向西看的决心就不会出现林则徐等人新思想的表达，他们从组织人翻译西方报纸开始，来实现自己了解西方的意愿。

第二次鸦片战争以来帝国官员与外国列强多有交涉，深感语言不通的弊端。1862 年 8 月，恭亲王奕䜣联络曾国藩、李鸿章等汉族官员奏准在北京设立同文馆（1902 年并入京师大学堂），附属于总理衙门。这是中国政府最早开设的以教授西方语言为主的官办的外语人才学校。同文馆除汉文外其他课程多由外国人担任教习，设立管理大臣、专管大臣、提调、帮提调及总教习、副教习等职务，办学经费、人事权控制于总税务司。英国人赫德任同文馆监察官，外国人包尔腾、傅兰雅、欧礼斐等人先后担任教习，中国教习主要有李善兰和徐寿。1869 年，同文馆延请美国传教士丁韪良担任总教习。

1862 年同文馆开学之时，课程中洋结合，外国人教授洋文。初设英、法、俄文馆，后来增加了德文馆，1897 年设日文馆。办学层次上分前馆和后馆。招生对象为十四岁以下八旗子弟，1862 年 6 月因人数太少招生对象扩大为年龄较大的八旗子弟和汉族学生，以及 30 岁以下的秀才、举人、进士和科举正途出身的五品以下满汉京外官员。

学习期限初定为三年毕业，自 1876 年后改为两种情况：有外文功底而学习天文、化学、测绘的学生，八年毕业；年龄较大，只能根据翻译文本学习的求学者，五年毕业。课程设置最初只有英、法、俄、汉文，1869 年以后逐步增设了算学、化学、万国公法、医学、物理、外国史地等。1872 年拟订了八年课程计划，第一年认字、写字，讲解浅显书籍；第二年练习句法，翻译便笺；第三年讲读各国地理及历史，翻译选编；第四年讲求数理启蒙及代数学，翻译公文；第五年讲求物理、几何原本、平三角、弧三角，练习译书；第六年讲求机器、微分积分、航海测算，练习译书；第七年讲求化学、天文、验算、万国公法，练习译书；第八年讲求天文、测算、地理、金石、富国策，练习译书。

在考试方面，有月课、季考、岁考三种。每三年举行大考一次，实行优胜劣汰，优等者升官阶，劣等者除名。馆内待遇优厚，除膳食、书籍、纸笔都免费供应外，每月资助 10 两白银（最多时达到 12 两）。学生毕业后大半任政府译员、外交官员、洋务机构官员、学堂教习。该馆附设印书处、翻译处，曾先后编译、出版自然科学及国际法、经济学书籍二十余种。此外还设有化学实验室、博物馆、天文台等。同文馆的开办，成为帝国政府兴办的样板式的西式学堂。

此后，上海的广方言学堂、广州同文馆、天津水师学堂、南京陆师学堂、福州船政学堂和湖北工艺学堂等新式学堂在各地纷纷建立。

洋务运动时期，近代新式教育已经开始在中国出现。洋务运动中新式学堂的创办、西书的引进和留学生的派遣成为了一种改变颓废国势的鼎新之举。

幼童留美作为中国最早的官派留学生事件对近代史影响很大，它的建言者是近代教育家容闳，时间是在 1872 年。曾国藩称此为古今未有之事。

容闳（1928—1912），原名光照，广东香山县南屏村（今珠海南屏镇）人。童年时由父亲带往澳门读书，后与黄胜、黄宽一同前往美国进入耶鲁大学学习。1854 年回国，有买办经历，之后进入曾国藩幕府。有见识，能力强，深得曾国藩和江苏巡抚丁日昌的欣赏。

幼童留洋一事好事多磨，经过曾国藩和丁日昌将近四年的努力，最终在1872年5月得到帝国政府批准。派遣年少的学生留学，从小学起，增加阅历。中间帝国政府内部也充满了争论，担心这些幼童的道德心智会受到影响。担心他们长期在外，习染西洋文化，致使道德迷失，化夏为夷。为了保证这些幼童的道德品质，选派了翰林出身的刑部主事陈兰彬作为带队委员，容闳担任副委员。陈本人观念保守，由于官阶提升加上待遇极高，欣然就任。只是这个冬烘保守的老翰林驻在美国做留学监督，为以后的留学事宜制造了障碍。

先后选派的四批留美幼童，最初主要集中于缙绅之家进行选择。满人自然无人应选，汉人士绅也不肯让子弟出来，选出来的都是平民子弟。120个幼童中，广东人83人，江苏22人，浙江8人，安徽4人，福建2人，山东1人。

广东人之中除了香山人就是南海人，离澳门近，也有直接从香港找过来的。留学的费用全部由官府支付，包括宿食衣物和经济补贴，还宣传说在归国后赏给顶戴、官差，这些条件对平民之家来说无疑具有特别的诱惑力。

留美幼童学习西学的同时要求必须学习中学，包括小学（文字学）、经学和大清律例。教学上尤其看重孝经的灌输，课程由总监陈兰彬一行同去的中国老师担任。学生还要定期宣讲来自皇帝的教诲——《圣谕广训》。中西教育理念和习惯的不同常常带来冲突的不断。学校的体育课也一度被禁止。

三年之后陈兰彬离任，容闳一道离开，继任者区谔良、吴嘉善先后接任留学监督。吴嘉善观念同样保守，认为进行体育锻炼、打棒球、划划艇、参加各种兴趣小组，都是不像话的，更反对幼童们穿洋装。这个留学监督申斥这些学生，吹毛求疵，并不断向总理衙门汇报幼童糟糕的学况，建议停止留洋。吴坚决认为这些情况都是有害的。

李鸿章不同意中断此事，但吴嘉善的意见在国内被炒得沸沸扬扬，加上御史们的弹劾，1881 年留洋事业在刚刚进行到第 10 个年头时戛然终止。留美幼童回国之后大都被发往海军，也有部分人弃职经商。所以，晚清政府的第一次留学项目并没有真正完成。学生中比较有名的，除了詹天佑，还有担任过民国总理的唐绍仪和做过海军总长的蒋廷干。不管怎么样，洋务运动开创了派幼童留学欧美的先河，推动了中国教育的近代化发展。

到了维新运动时期，维新派身体力行创办西式学堂、学会，推动教育改革法令的颁布。此时，科举制度已经受到极大冲击，开办新式学堂之风变得长久不衰，期间培育了一大批人才，对中国教育近代化产生了深远影响。

1901 年，大清帝国推行了自上而下的教育改革，近代学制改革首次得到实施，中国教育的近代形态在此正式确立。清末教育改革使中国教育步入近代化。

辛亥革命时期的教育理念以国民主义为指导，促进了共和国新国民的培养，建立了各种新式学堂，不仅小学、中学、大学有显著的发展，实业、师范、女子教育都获得长足进步，成为中国近代教育确立的标志。

学校是思想活跃的场所，教育的近代化促进了辛亥革命的爆发，辛亥革命反过来又推进教育完成了近代化转型。甚或辛亥革命又推动了中国近代民主化进程，促进了中国民族资本主义的发展，推动了思想文化的进步，奠定了全面近代化的基础。

谈到促进中国近代教育的杰出人物，不能闭口不谈以下三个人物。福州船政局的创立者左宗棠，他为中国教育的近代化做出了突出贡献。洋务运动中福州船政学堂将西方教育理念较早付诸实践，开启了学习西方先进科技的大门，推动了中国近代自然科学和社会科学的发展，使中国近代化的步伐加快。张之洞作为洋务运动的后起之秀，对传统书院教育进行改革，提倡经世致用，洋务运动中大办新式学堂，甲午战后在湖北大力兴办实业教育、师范教育和国民教育。张之洞认为，“中国不贫于财而贫于人才，不弱于兵而弱于志气”，他大力改革传统教育，他兴办师范学堂培养师资力量，1907 年所办学堂达二十四所之多；他设立农务学堂，发展农业教育，1910 年湖北农业学堂达到四十八所，推动了湖北的农业经济发展；他兴办的其他学堂还有商务学堂、自强学堂、武备学堂、方言学堂（晚清时方言指外语）、算学学堂、工艺学堂、路矿学堂、军医学堂等；他极其重视留学教育，20 世纪初的湖北出现了留学热潮，湖北共派出留日学生五千多人，位居全国各省之最。张之洞的举动为湖北培养了大批人才，对湖北乃至对中国教育的近代化都具有卓越贡献。盛宣怀作为中国近代史上的著名官僚和买办，不遗余力地兴办新式教育，为中国教育的近代化做出了极大的贡献。1895、1897 年，盛宣怀先后在天津、上海创办北洋大学堂（天津大学前身）、南洋公学（上海交通大学前身），中国人开始有了现代意义上的大学。1899 年全国已经出现中国人自办的新式学堂 175 所，遍布全国 17 个行省。

科举作为古代选拔人才的桥梁，影响自然很大。谈中国近代教育，也不得不说说科举取士。科举考试在明清逐渐形成八股文模式。主要测试经义，在《诗》《书》《礼》《易》《春秋》等儒家经典中选择一定题目，题目和写作方式都有固定格式。当时的人们都一门心思地关注八股文，并利用这种工具来敲开科举考试的大门。

一千三百年间科举取士至少产生了“十万进士”之多，举人、秀才更是数以百万。宋、明两代以及清朝汉人的名臣能相、国家栋梁多为进士出身。明中期以来，“非进士不进翰林，非翰林不入内阁”，科举成为高级官员的摇篮。

科举入仕推动了中国的文风。明清两朝，中国的读书人以百万计，多数人都成为基层知识分子，推动了文化的普及。相同的“圣贤书”，有效维护了思想的统一和向心力。

科举制度发展到 19 世纪晚期对新式教育的束缚越来越明显，对社会的发展充满敌意。洋务大员和维新派人士对科举制度多有抨击。

1905 年 9 月，张之洞、袁世凯、赵尔巽、端方等地方督抚会衔上奏，要求立即停开科举。

“科举不停，学校不广，士心既莫能坚定，民智复无由大开，求其进化日新也难矣。”面对世人的满腹牢骚，大清帝国对社会变革的态度明显变得更积极一点，谕令从 1906 年开始废除科举制度。

时人认为：“言其重要，直无异于古之废封建、开阡陌。”科举制的废除使士绅阶层开始分化，加快了传统社会系统的解体，新式知识分子开始受到社会的重视。新的社会结构下需要新的治理方式。大清帝国废除了科举，为政治经济、科学技术、文化的发展提供了必要的条件。尽管这一制度对中国近代化是有阻碍作用的，我们还是要客观地评价科举考试的历史作用。

三十一　外交的孤独身影

1876年发生的教案“马嘉里事件”，也被称为“滇案”。事件发生之后，英国提出了赔款、道歉、惩凶、抚恤等要求，且要求清政府进一步扩大英方在中国的权益。9月13日，双方签订《中英烟台条约》，使“滇案”了结。条约规定，清政府要派遣钦差大臣前往英国“道歉”。总理衙门认为，“遣使一节，本系必应举行之事，这同中国政府在海外建立常驻使馆的意图正相适合”，于是在文祥的举荐下，候补侍郎郭嵩焘被任命为钦差大臣，奉命出使英国。到达英国之后，郭嵩焘“始补颁国书充驻英公使”，成为晚清向外国正式派遣的第一位常驻公使。

郭嵩焘（1818—1891），湖南湘阴人，19岁进入岳麓书院读书，与曾国藩、刘蓉等人相识、相知。他20岁中举，30岁中进士。双亲病故在家丁忧之时，太平军进入湖南，他力促曾国藩、左宗棠在湖南办理团练，建功立业。

郭嵩焘在仕途上真可谓起伏不定。1859 年，他在天津帮办僧格林沁军务，与僧格林沁不和。1863 年，他在广东巡抚任上又与两任两广总督关系不和。郭氏回家赋闲长达 8 年之久，直到 1875 年出任福建布政使，同年 9 月受命出使英国。

郭嵩焘的性格卓立不群，好友曾国藩评价他是一个有想法、能著书立说的人才。郭嵩焘喜谈洋务，满怀忧患意识。他最早提出西洋各国强盛的根本原因在于制度和文化，中国强国根本也在于社会制度的变革。

从郭嵩焘担任驻英公使后，大清政府往海外派出公使成为惯例。1878 年，陈兰彬出任第一任驻美公使。1896 年，伍廷芳出任驻美公使。

郭嵩焘到达英国之后，把五十多天的见闻整理成《使西纪程》一书寄回总理衙门，希望帝国政府能够刻板印行。京城的士大夫们认为这一书稿“极意夸饰……为之刊行，凡有血气者，无不切齿”。1877 年 7 月，翰林院编修何金寿弹劾郭嵩焘“有二心于英国”，随后帝国朝廷传令毁弃《使西纪程》。士大夫集团群起攻之，强烈要求将其撤职。总理衙门准备将郭查办治罪，有李鸿章为其说情得以幸免，最终还是避免不了被撤职的命运，公使一职由曾纪泽接任。

郭嵩焘回到国内长沙，再次遭到冷遇，家乡士绅都说他“勾通洋人”，甚至不让他回到湘阴住所。家人嘱咐他少谈洋务。他认为闭口不说，等于坐视国家面临凶险。在这位先知先觉者的内心深处是一种“天下兴亡，匹夫有责”的责任感。

郭嵩焘在民族走向近代化的过程中，想发声呐喊，不幸最终归于沉寂。郭嵩焘成为一只孤雁，造成这一悲剧的原因还是观念和利益。郭嵩焘的思想在士人阶层中遭遇冷遇和抵制，背后是陈腐的观念和私利这两个因素在起作用。

纵观晚清时代的外交，多是出于被迫而为。从 1861 年应西方与中国业务上的需要建立总理各国事务衙门开始，再到设立新式学校培养外交人才，包括派遣驻外公使，多是出于主观上维持大清帝国政府的秩序运行考虑。

不管怎么说外交制度随时势已经发生改变，外交近代化的步伐已经迈出去。郭嵩焘主张正视西方的历史，以《万国公法》作为行使中国对外礼仪的参照。1878—1885 年担任英、法、俄三国公使的曾纪泽坚持国家主权观念，主张利用外交手段捍卫国家主权，提倡开放、通商、互利，积极推动中国放下"天朝"观念进入国际社会。1889 年被派出使英、法、意、比的薛福成主张学习西方军事理论和议会制度，从制度、思想上推动中国外交走出世界。

此外，黄遵宪、张荫桓、何如璋、许景澄等驻外使节都对中国的外交实践提出过有价值的看法，都已经逐渐意识到中国已经进入新的国际关系格局之中，必须放下长久坚持的"夷夏观"，以平等观念处理国际事务，维护中国的国家权益。

三十二　革新法律的三尺之剑

大清帝国地方提法司由按察司而来。按察司在职能上处理刑名案件，监察司法工作。中国封建社会传统法治并没有“民事”概念，而是将民事归入刑事案件合并处理。将“民事”“刑事”概念引入中国的时间是在晚清时期。

但这不等于说中国不存在“民事案件”，而是中国古代司法自有它独特的地方。那就是“刑名”与“钱谷”之说，刑名大抵相当于刑事案件，钱谷大体属于民事性质。刑名在清代归臬司管理，钱谷属藩司管理，或者说，臬司管理司法，藩司管理财税。藩司布政使处理财税之外，还要管理民事诉讼。也就是说布政司、按察司分别管理了民事案件和刑事案件的审理工作。

大清帝国新政有一个明显的司法变化就是将原来长期由布政司处理的民事诉讼提交提法司管理，体现司法独立。布政司成为单纯的行政机构，提法司管理一切司法事务。地方提法司作为中央法部分司，其下还设立了高等审判厅、地方审判厅、初级审判厅和相对应的检察厅。（吴宗国：《中国古

代官僚政治制度研究》，北京大学出版社，2004 年 11 月版，537—538 页）

大清帝国新政在现代法制建设上迈出了可喜的步子。《刑律》《民律》《刑事诉讼律》《民事诉讼律》出台，《刑律》颁布实行，加上《各级审判厅试办章程》的实施，迈出了中国司法独立、实行现代法制的第一步。这些法律此后得到长期沿用，影响自是深远。《商人通例》《公司律》《破产律》《商会简明章程》《大清银行条例》《商标注册试办章程》等等商事单行法律颁布施行，也为民族资本主义经济的有序发展提供了必要的司法保障。

张之洞、刘坤一在“江楚三折”第三折中就向大清帝国政府提到现行矿律、路律、商律及刑律与西方法律不太兼容。1902 年，袁世凯建议帝国政府注意司法体制、法律制度方面的改革，注意向日本学习，借鉴日本 1899 年的法律体制建设的成功经验，援引日本法律专家，帮助修订或改造大清法律中与现实互相参差的内容。

1902 年 5 月，大清帝国政府派刑部左侍郎沈家本、大臣伍廷芳修订法律。1903 年，专门设立修订法律馆，沈、伍担任专职修订法律大臣，正式着手修订旧法和制定新法。在这一过程中，参考中外法律，“以中国法律与各国参互考证”。

“新政”期间的法制改革主要集中于三个方面：

其一，删改《大清律例》，制定新刑律。《大清律例》开始制定于顺治朝初年，基本完成于乾隆朝初年，是历代刑律中最繁苛的一部。“新政”期间的法制改革就是从修改这部律例开始的。1910 年新的《大清现行刑律》试行，作为新刑律颁布前的过渡性刑律。

刑律取消了六律总目，将旧律中的继承、分产、婚姻、田宅、钱债等纯属民事的条款划出，以示民刑有别；更定刑名，将笞、杖、徒、流、死五刑，改为死刑、徒刑、流刑、拘留、罚金，以示中外无异；改革死刑执行办法，规定“死刑仅用绞刑一种”，删除凌迟、枭首、戮尸、缘坐、刺字等酷刑。从 1906 到 1908 年在日本顾问冈田博士的帮助下，完成了《大清新刑律》的制定，并于 1910 年 12 月 25 日颁布，预定 1913 年实行。

新刑律是中国第一部近代刑律，它以“折衷兼采、不戾礼教”为基本宗旨。新刑律分总则与分则：总则规定犯罪构成要件，刑罚的一般原则；分则规定具体的犯罪和处罚办法。刑罚又分主刑和从刑，主刑有死刑、无期徒刑、有期徒刑、拘留、罚金；从刑有“褫夺公权”和没收。此外还采用资本主义国家法律中的罪名法定主义、犹豫制定（缓刑）和假释制度等，取消因“官秩”“良贼”“服制”而刑的适应上所形成的差别。新刑律体现了近代法律精神，它所提出的许多刑名至今仍被沿用。

其二，改革“诸法合体”的传统法律结构。自古以来，中国的法典基本上是刑法典，但又包含有民法、诉讼法及行政法等法律内容，形成了“民刑不分、诸法合体”、民商不分、实体法与程序法无别的法律结构。所谓“往昔律书体裁虽专属刑事，而军事、民事、商事以及诉讼等项错综其间”。

沈家本主张，应“随乎时运之递迁”，所以改革旧有的法律结构，民商及诉讼等律法均应该特别编纂。为此，修订法律馆“注重世界最普遍之法则”，“原本后出最精确之法理”和“求最适于中国民情之法则”，制定了《大清民律草案》《刑事诉讼律草案》和《民事诉讼律草案》等部门法与单行法规。1910 年农工商部据各商会所编的商律调查案，编定了《大清商律草案》。这些部门法及单行法规大多未及颁行。

其三，“政刑”分离，司法独立。在中世纪的中国，政刑之权“丛于一人之身”，上自皇帝，下至州县长官。沈家本根据资本主义行政、立法、司法三权分立的原则，力主“司法独立”。司法独立不仅可收统一事权之效，且可为“异日宪政之始基”。因此，其后沈制定了《各级审判厅试办章程》和《法院编制法》。编制法规定全国的法院分为初级、地方、高等审判厅，大理院四级，分设于县、府、省、中央，采用四级三审制。并在大理院和地方审判厅设立相应的检察厅，各级审判厅和检察厅专司审判而俱受法部的行政监督。

1907 年，在法部的主持下，创设审判厅于东三省，并试办于直隶、江苏两省。中国之司法、行政分立自此而始。旧律的删改修订，新法如刑法、民法、商法、诉讼法的编纂，司法独立的试行，这三个方面共同合成了中国法制走向近代化的关键一步。新法富于近代法律的色彩，但由于旧观念旧势力的抵制而没有发生多少实际作用。

十九世纪末，大清帝国政府开始注目于“商政”，讲求商务，并接受了督办政务大臣奕劻等人的奏请，于 1903 年 7

月在中央设立商部。对于农本商末的传统中国，由政府出面倡导实业，不能不说是一个大变化。商部成立后，帝国政府开始制定商律，先后颁行了《商部章程》《奖励公司章程》《商人通例》《公司律》《破产律》《商会简明章程》等一系列商法。这些商法以法律的形式肯定了工商业者的社会地位，为工商业者的经营管理活动和合法权利提供了某种保护，对扭转卑商贱商的社会风气是有好处的。

1906年，清政府对中央各部进行改组，将工部并入商部，成立农工商部，将原由商部管辖的轮船、铁路、邮政事务划归新设立的邮传部。推行商部的奖励实业政策，同年颁布了《奖励商勋章程》，第二年又先后颁行了《华商办理实业爵赏章程》和《奖励华商公司章程》。这些章程构成了晚清政府奖励实业政策的基本内容。

三十三　民族意识之旗的徐徐上升

民族主义曾是革命党人反对外来压迫的一面旗帜，同时这面旗帜带有的双重性意义，就使得排满浪潮的发起成为一种貌似合理的情感宣泄。在那个民族灾难深重的年代，这自然是一种民族意识的显现。民族意识的自觉具有的两面性，一方面有助于维护民族文化的多元，另一方面将国内民族分为了多种不同等级。特别是对多民族国家的统治阶级来说，助长了本利益集团压制其他利益集团的风气，最终不利于国家意识的建立和国家认同。（马勇：《大变革时代：1985—1915 年的中国》，经济科学出版社，2012 年 12 月版，148 页）

于是终大清帝国统治一代，满汉之间不可避免地出现了改革与保守的较量、稳固和流血的冲突。

在政治机构中虽然满汉官员的对比一直呈现满比汉多、以满为主的格局。但在满族官僚心目中充满了对汉族官员的排斥。李提摩太在《中国的维新运动》中提到，他与大学士刚毅谈话时，刚毅直指翁同龢控制内阁影响光绪皇帝的视听，认为汉人才是怙恶不悛的执行者。当然这很片面，特别是军机处成员之间不可避免会有权势利益的争斗。

维新派成员多为汉人，他们认为在中外之间的斗争中大清一败再败与满洲贵族的腐朽不无干系。满洲贵族也不是一味排斥改革，只是因为他们是统治阶级，所以改革必须以不影响和伤害满洲贵族的既得利益为前提。

所以面对改革的矛盾，满汉之间似乎并不能有效调和。维新派认为拉拢住皇帝就可以促进改革，并向顽固派满洲贵族进行针锋相对的反击，以致他们屡屡请求光绪帝罢斥守旧大臣。而作为帝国首脑人物的光绪只是一个前台演戏后台操纵的木偶式人物，因为缺乏足够大的权威不仅无法调和满汉间的矛盾，反而遭致满洲贵族的反攻倒算，失掉了仅有的"皇权"，维新全面走向失败自然成为预料之中的事情。

康有为适逢其时地请求皇帝断发、易服、改元的奏折成为压垮骆驼的最后一根稻草。

时至9月，维新事业已很危险，康有为上书请求"皇上先断发易服，诏天下，同时断发，与民更始，令百官易服而朝"，并"大集群臣誓于天坛太庙，上告天祖，下告臣民……即以今年改元为维新元年"！（康有为：《请断发易服改元折》，《康有为政论集》，中华书局，1998年6月版，369页）

清帝国建国之初便有"留发不留头"之说，辫子是个敏感的物件。苏继祖在《清廷戊戌朝变记》曾记载：变法之初西太后有对光绪说过"汝但留祖宗神主不烧、辫发不剪，我便不管”的话。不过，即使慈禧太后说过，她那样一个权力狂人怎会在影响自己的权利时说话还算数。

维新意识代表着中国人民族意识的觉醒，满汉之间是如此，在近代列强欺凌之时更是如此。民族面临危机，康有为呼吁振朝纲、行变法，“以恢属地而雪仇耻不难矣”。这里在民族问题上雪仇耻显然成为一个濒危民族的政治目的。

只是不能在危难之时冷静地去思考，就很难看到对手的长处，寻找到自己的短处，陷入自卑的深坑，不能从容应对，陷入一种怀疑主义的误区。

怀疑清朝治理者治国的能力和动机，怀疑中华千年文化遗产的现实有效性。举凡忧国忧民的官僚士大夫无不怀着这种思想倾向，特别是甲午之战败给东方小国日本以后，民族主义、功利主义加复仇主义，充斥于东方知识分子心目之中。

强烈的民族主义情绪，使他们始终无法对外国列强建立一种客观的态度。既对西方势力充满防范，在一定程度上又产生依赖，想获得他们的支持和同情。不仅维新派如此，后期的革命派也是如此。

在日本明治维新成功范例的影响下，晚清帝国的国家观念，无论是以梁启超为代表的改良派，还是以孙中山为代表的革命派，在他们眼中国家被视为一个有生命体，意志独立和精神独立，国家与国民开始成为互为表里的一体。（许纪霖：《家国天下》，上海人民出版社，2017 年 2 月版，411—412 页）

近代民族国家与传统意义下的国家概念差异极大，今天的世界是具有独立主权的民族国家汇集而成的，和古代的天下观念自是不同。中国古代的天下观念是以中国为中心的“差序格局”。古代中国是自我中心的世界。所以，中国在古代是一种地理概念，基于文明和文化的认同，“华优夷劣”的思想一直延续到20世纪末。

在民族危亡中，中华民族的观念逐渐取代了单一的汉族概念。作为现代的民族国家共同体，民族提供了共同体的独特形式，而民主提供了共同体的政治内容。传统的天下共同体到晚清在西方的冲击下逐渐发生了瓦解。自魏源以后，中国士大夫随着对世界地理的了解，逐渐放下了华夏中心的想象。帝国的朝贡体系也被现代民族国家共同体的理念所取代。

在晚清思想界，在民族主义问题上，最有代表性的是孙中山、章太炎所代表的族群民族主义和梁启超所代表的国家民族主义。这两种民族主义所指向的敌人，前者是作为内部统治者的清帝国，后者是作为大中华民族（包括了汉满蒙回藏民族）外部敌人的各国列强。在晚清的民族国家建构当中，无论是革命党，还是立宪派，他们关注的问题中心，是作为一个政治实体的国家。梁启超和孙中山的两种民族主义的基本思想脉络一直延续到民国。

对民族主义作出完整思考的是梁启超，他提倡的是政治民族主义，他所要解决的问题是：如何从天下转到国家？如何从奴隶转到国民？他将“群”、民族、民主观念重组。在《新民说》中，梁启超强调通过公民团结、清晰的民族感、人民主权以及自由民主制度，为建立国家正当性达成统一。

1912年，梁启超提出国性论，认为国有国性，通过民族语言、民族道德和民族文化表现出来，他的思想也开始从国民民族主义转向文化民族主义。（许纪霖：《家国天下》，上海人民出版社，2017年2月版，68—75页）

三十四　农村社会的变革

大清帝国时代，作为地方基层组织的乡村由地方精英治理，即由地方保甲长们出面帮助政府收缴税赋并维持地方治安，村庄首领向县衙负责，保护一方安宁。只是这些地方精英的权力是非正式的，尽管他们背负的是帝王统治下的国家。只是除了缴纳税收，国家政治离老百姓真的很远。村一级的平衡由地方耆老利用大宗族权威的力量来维持。

从大清帝国晚期开始，国难接踵而至，对地方上的治理要求已经大大超出了村社首领们的能力范围，他们利用亲族和个人威望已经很难去经营这片土地。首领们既无法满足上面的贪残，更无法保护一方平安，大家开始纷纷逃避这个职务。华北村庄里，小自耕农组成村自卫组织，并分担税收负担。村庄首领弃职而去的村庄，随着领导岗位的易位，强制统治成为唯一可行的方式。

1911 年，帝制国家崩溃，原有的士绅阶层崩溃后，乡村中原有的社会秩序也无法幸存下来。农业社会中，遇到重大灾难年景，村中青壮年有部分可能会远离土地变为盗匪，老弱则会外出行乞沦为流民或乞丐。盗匪是无法正常经营农业生活状态下的产物。

中国农村在历经西方商品倾销的巨祸之后，农村中的家庭手工业和农业的牢固结合被打破，城市中工业的发展对整个农村的家庭手工业施加了强烈的摧毁作用，农民的生活变得更加贫苦和不安定。“除了旧生产方式逐步解体所产生的苦难之外，还应当有新生产方式破土而出的生机和朝气。历史的主题应当是后者而不是前者。”（陈旭麓：《近代中国社会的新陈代谢》，上海社会科学院出版社，2012 年 6 月版，142—144 页）不用多说，农村地区自然经济的逐步解体为新的生产关系的增加奠定了基础。

晚清和民国早期，在乡村中匪患的数量的确增大了。部分军阀出身于匪首，农民也会在兵与匪之间来回转换。源于侠义行径的传统，匪患多要避开本乡本土劫取财物，军阀也往往不能真正护翼一方水土。他们之间一来往往一避，放几声空枪成为友好的传递方式，既避免真正交火，也给官方以充足理由来维持地方军队的必要性。

20 世纪的中国，随着士绅阶层的退出，农村出现的新首领主要以强制方式统治本村区域，成为“土豪劣绅”的起源。这些人实际上成了包税人，在农村实施敲诈勒索的本领。“土豪劣绅”与传统士绅或真正的村庄首领不同，他们没有任何正当性。在新的气氛中，村民在道德体系下各安其位，国家也试图限制地方掌权者的特权。

传统精英的正当性源于他们与皇权的联系，乡村社会也是如此。家族中若有人中举，就可以用门第来显示自己的新身份。辛亥以后，革命派都督或袁世凯的将军，正当化路径已经无法延伸出省城的范围。在君主制崩溃后，地位关键的士绅阶级将无法幸存下来；而在士绅阶级崩溃后，乡村中的社会秩序无法平静下去。（沙培德：《战争与革命交织的近代中国》，中国人民大学出版社，2016 年 5 月版，128—132 页）

民国初年以后，主宰农村命运的往往是无文化和反文化的阶层。作为传统农村社会中维持经济政治纽带作用的乡绅越来越多地离开农村社会，他们相当程度上传递儒家文化下的伦理道德说教，维持农村文化生态平衡的作用被打断了。更多的土豪、恶霸成为农村的代理人和收税人，成为压迫农民的帮凶，农村的自主性和自治性逐渐消失。土豪恶霸祸乱村乡成为一种民国治理下的恶性循环现象。（萧功秦：《危机中的变革》，广东人民出版社，2011 年 1 月版，185—186 页）

三十五　社会风尚习俗的近代化

鸦片战争以后，中国传统文化就开始面临着越来越大的外来影响和冲击。中国社会公民的衣、食、住、行等物质生活在新式文明浪潮的影响下，发生着新的渐进式的变化。

（一）日常生活的变化

传统社会中，中国人的衣、食、住、行有着明显的阶级区分。晚清以来，中国传统的衣、食、住、行出现新的符号，带来了新的改变。

出现了样式颜色都有较大变化的男女服装，服装逐渐失去了标志身份的含义，隐去了政治色彩，服装颜色例如黄色也不再为某些人所专有。这种变革在北京、上海等城市表现得更为突出。

马甲这种无袖短衣，清初时内穿，晚清时更多是穿在外面。长袍外罩马甲成为满族妇女常见的装束。男式马甲有大襟、对襟及琵琶襟等形制，丝带纽扣，形式多样。

中国人的传统饮食文化受到西方影响，西方饮料、点心加入中国餐饮文化中。西餐成为近代上海新的文化元素。茶是中国招牌饮料，到了近代外国汽水、冰激凌、冰棒、咖啡等饮料进入中国。洋酒开始传入，有白兰地、香槟、威士忌等。西餐菜肴、罐头进入大户之家的餐桌。西式餐厅在大城市增加，出入西餐厅渐渐成为一种时尚。

1866 年，上海出版了一本美国传教士编写的《造饭洋书》，全书 25 章，记载了 267 个品种的西餐菜品，有用大米做原料的布丁饭，完全是中西合璧的做法。随着中国留学生旅日和回国人数的增加，大量的日本食品进入中国，如鲍鱼干、鱼翅、海参等。

近代鸦片战争带来了西方租界，也带来了高楼大厦，上海外滩成为西式建筑的代表。晚清时期中国人也开始接受西式住宅，采用西式的布置风格和家具。天津的小洋楼、青岛的欧式建筑、杭州的别墅，甚至包括大城市的公共建筑也出现了西式风格。普通百姓室内也有用西式家具作为陈设的。

晚清时期，新的照明器具如煤气灯、电灯等相继出现在主要城市中，西方挂钟、座钟、怀表等计时器陆续出现在中国的士绅家中。文具如铅笔、钢笔、墨水也开始在城市买办、官僚、富商群体中使用。

铁路和公路的修建，火车、汽车、电车等新式交通工具纷纷进入人们的视野，它们成为一种新的代步工具，改变着传统的交通，适应着新的时代节奏。说起近代中国最早的铁路，当属 1865 年秋英国人杜兰德修的宣武门外那条仅有一里长的行驶小火车的铁路。1873 年，英国吴淞铁道公司购得上海、吴淞间土地，1874 至 1876 年两年间完成了一段上海至江湾的铁路，这是近代中国第一条正式投入运营的铁路。大清帝国政府考虑到不允许修筑铁路的禁令和地方村民与铁路公司多次冲突的事实，用 28 万两白银购得并拆毁。

李鸿章开办开平煤矿为降低运费，多次奏请帝国政府修筑唐胥铁路。1881 年，全长 11 千米的近代中国第一条自建铁路诞生，1894 年延展至 200 千米。1891 年，台湾巡抚刘铭传修建了一条从基隆海口到台北的全长 28 千米的铁路。一南一北两条铁路为中国交通运输的近代化迈出了艰难却又重要的一步。此后到 1913 年中东、南满、滇越、京汉、粤汉等十余条铁路先后建成，1919 年全国筑路里程达到了一万千米以上。

发展到民国时代，境内铁路的修建，可以分为由外国公司建造并管理的，如俄罗斯在东北、日本在南满、德国在青岛、法国在云南修筑和管理的铁路；由中国人自己修建的，如绥远线和广东铁路；由中国政府负责建造，但是向海外融资的。铁路方便了国民出行，进出口的大宗商品又需要铁路来维持必要的运输。（郑曦原：《共和十年》，当代中国出版社，2011 年 8 月版，313—316 页）

（二）礼仪习俗的变化

晚清时期，在西方文明的影响下，传统礼俗也发生了不少变化。人生礼仪方面，趋向于简洁。婚礼多在礼堂或旅社举行，男女双方互换戒指，有主婚人和证婚人，要进行筵宴。

采用新式婚礼的青年男女多有冲破旧的传统习俗的意思。新式丧礼也有通过花圈和挽联表达亲朋的祭奠，葬期缩短，出殡采用简易方式，不用仪仗，反映出移风易俗的气象。

社交礼节方面，辛亥革命后，一些大城市中开始推行鞠躬。外出与人相遇时，男子脱帽鞠躬，女子只鞠躬。清末民初，名片在上流社会和小商人阶层中使用。男女公开社交，女子开始走出家门，进入戏院、宴会等场所。广大乡村地区旧的社交礼仪仍大量甚至原封不动地维持着。

在近代国家政治礼仪中，大清帝国政府原无国旗，1888年北洋海军建成后，帝国政府开始把黄色青龙旗作为国旗。1896年，北洋大臣、直隶总督李鸿章赴西欧和俄国访问。李中堂临时编制七言绝句“金殿当头紫阁重，仙人掌上玉芙蓉。太平天子朝天日，五色云车驾六龙”当作国歌使用。此后十多年，在帝国政府的外事活动中一直沿用。直到武昌起义前夕，大清政府才最终确定了国歌——《巩金瓯》。

（三）娱乐文化新浪潮

晚清时期，随着西方文明不断进入，电影深受民众欢迎。1896年9月，上海徐园第一次放映电影。1902年，北京才开始放电影。1906年，北京出现多家看电影的场所。进入20世纪以来，电影放映在通商口岸大中城市中陆续出现。

社交中开办音乐会、舞会之风出现。西方近代体育运动也传入中国。1850年上海跑马厅出现，抛球、板球、划船、足球运动先后出现。西式运动及游戏颇为新奇，逐渐被中国人接受。重大节庆期间，传统性活动仍盛行，如群众性赛龙舟、拔河、摔跤、放风筝、荡秋千、踢毽子都是民间普遍的娱乐活动。

（四）革除陋习

1912 年，孙中山解职时，在演说词中提道："又凡政治、法律、风俗、民智种种之事业，均须改良进步，（中国）始能与世界竞争。"

南京临时政府成立后，颁布了一系列变革旧俗的政治法令，有助于改良旧的风化。宋教仁、蔡元培等人发起成立了社会改良会，具体化为三十六条章程。

其中引起最明显变化的是禁止缠足。《癸巳类稿》中考证，缠足始于南唐，大盛于南宋，已存在一千多年。一代影响一代，妇女们的痛苦仍在继续。鸦片战争之后，外国传教士组织"天足会"，劝诫人们不要缠足。1882 年，康有为在广东组织"不缠足会"。戊戌期间曾设立学会以劝阻社会缠足，晚清新政也出台过不准缠足的禁令。1903 年，在日本举办的国际博览会出现丑化中国人缠足、吸鸦片等形象的事发生，引起了中国国内反对缠足的高潮。但真正扫除这一酷习则是在辛亥革命之后。

1912 年 3 月，南京临时政府大总统关于禁止缠足致内务部令："至缠足一事，残毁肢体，阻阏血液，害虽加于一人，病实施于子姓，生理所证，岂得云诬。至因缠足之故，动作竭厥，深居简出，教育莫施，世事罔问，遑能独立谋生，共服世务。”

大多数贫困地区缠足之风仍旧盛行，彻底根除相当困难。

另一项重大习俗变革是剪辫子。说起剃发蓄辫是满洲少数民族的习俗，清军入关后就成为汉人臣服于清帝国的标志。甲午中日战后，流亡海外的革命者及留学生最早宣扬并带头剪除发辫。1895 年，孙中山、陈少白等革命党人以反满为号召，在日本剪除了辫子，极大地影响了当地的华人华侨。1906 年，在华人聚集地旧金山，剪辫成为一时风气。众多留学生归国后，引导了国内剪辫之风，江南地区的学生中剪辫子成为时尚的标志。

帝国新政使开明派不再坚持蓄辫，1905 年新编陆军和新练警察乘着改革制服之机剪去发辫，从而使军中剪辫之风扩及学堂。1910 年 10 月，资政院通过“剪发易服”的议案，使广东、京津地区和东三省等地剪辫之风风起云涌。武昌起义后，帝国政府任由民间自由剪辫。革命党的一项巨大改良步骤和措施，也是剪除象征满洲统治的辫子。剪辫浪潮不断扩散直至深入到中小城镇和农村地区。南京临时政府成立后，颁令全国施行剪辫，剪辫子蔚然成风。

第三章 | 民国初年的政治

三十六　宋案的背后

中华民国临时政府关于在采用什么样的政体上，曾产生过激烈争论。孙中山认为在资产阶级势单力薄、国民素质差的国情下，实行总统制好，并且提出了民主过渡方案。初期总统在政治架构中权力明显。宋教仁赞成内阁制，想通过议会形成对总统权力的监督和限制。孙中山先生的主张获得多数人的支持。这样，新成立的中华民国将采用以总统为权力枢纽的政体形式。

当袁世凯被中外各种势力所看好之时，大总统职位虚位以待的情况已成为既成事实之时，在将来的政府中如何去限制袁世凯的权力，已经成为摆在革命党面前的难题。革命党人所能想到的，就是移花接木的方式——用法式共和体制代替美式共和体制。实质上就是让内阁总理成为国家元首，总统只是也只能是一个虚职。

1912 年 1 月，参议院成立后，制定了各项法律规章，其中最重要的一项为《中华民国临时约法》。《临时约法》规定了一系列关于公民的权利，财产自由、居住自由、言论、出版、集会结社的自由，核心为内阁总统制。《临时约法》赋予临时总统总揽政务、公布法律、制定官制、任免官员的权力，内阁总理直接向国会负责。总统行使职权，国务总理及各部总长副署，咨送参议院审议通过。

2 月 12 日，宣统下诏退位，268 年的大清帝国从此退出历史舞台。3 月 13 日，唐绍仪出任国务总理，由他全权组织中华民国政府。

说起唐绍仪，1874 年，他在族叔唐廷枢的保荐下随容闳到美国留学，后进入哥伦比亚大学。美国的 7 年生活，“不仅令他掌握了流利的英文，而且还熟练掌握了将政治作为走秀的美式风格”。1881 年，唐绍仪归国，在天津的洋务学堂读书，后被政府征调到日本。在朝期间受到袁世凯的信任并建立起彼此的友谊。1896 年，唐绍仪正式担任了中国驻朝鲜总领事。他于 1898 年 9 月回国时，已是名动一时的人物。

1912 年 3 月，唐出任民国首届内阁总理。他起初认为“孙中山的思想、袁世凯的实力”是近代中国发展的基础。他意气风发想大干一场，挑选宋教仁、蔡元培、陈其美等同盟会骨干成员入阁，分别担任农林、教育、工商总长。其后由外交总长陆徵祥、内务总长赵秉钧、财政总长熊希龄、陆军总长段祺瑞、海军总长刘冠雄、司法总长王宠惠、教育总长蔡元培、农林总长宋教仁、工商总长陈其美组成的唐内阁经参议院表决通过。这一届内阁中，同盟会员虽占半数以上，不过外交、内政、陆海军、财政交通等实权部门都由袁世凯的人担当。唐绍仪具有政治家的素质，办事干练、勤于公务，注重办事效率，使政府办公呈现出一派新气象。

最初，袁世凯接受了唐绍仪维护《临时约法》、坚持责任内阁制的行为，但不久让他感觉越发难受，那是来自《临时约法》和议会对他的约束。袁世凯也越发清醒地意识到，革命党人利用了他的威信和声望的同时却在削弱他的权力。对于这个旧时代最善于运作权力的官僚，你能如何让他甘心交出自己的权力呢？

于是出于权力和制度之争，袁唐之间的矛盾不断升级。两人首次的大冲突是因为向“六国银行”借款一事引发的。

民国初建，国家秩序的混乱，财政状况的困境，导致国家缺乏经费以保证正常运行。1912 年初，国民政府首先面临的难题就是南京附近的数万官兵需要数额二百五十万两的遣散费。艰难的财政局面，让唐绍仪内阁忧心忡忡，迫使唐绍仪准备向外国银行借贷化解危机。他先是在参议院发表演说，阐述国家需要一笔二亿一千五百万两的款项来满足各项事业开支。然后，唐绍仪向英、法等六国银行正式提出借款要求。由于借款条件的苛刻，唐绍仪准备放弃借款。袁世凯让财长熊希龄出面直接跟六国银行洽谈。同盟会员与熊希龄所在的共和党，相互之间因借款的事通过报章评论等手段口诛笔伐、指责对方。六国银行代表见状宣布贷款谈判延期。唐绍仪出于郁闷向袁世凯提出了辞职，经好言劝慰暂时收回了辞呈。

当时，全国共有超过百万的军队，中央财政根本无力支付庞大的军费开支，于是下令地方自筹解决。由于经济困难黄兴将所属的十万军队，三分之一撤回各省，三分之一交江苏地方财政负担，三分之一遣散。革命党军队被改组的做法，遭到了同盟会会员和其他革命党人的强烈反对，他们将矛头直指唐绍仪内阁。1912 年 6 月，直隶省议会选举王芝祥为直隶都督，袁世凯却抛开总理附署权任命冯国璋任直隶总督而改派王芝祥为南方军队宣抚使。唐绍仪不同意袁世凯的做法，强调王芝祥任直隶总督是起先就定下的，坚决不签字。由此，袁唐矛盾大公开，唐绍仪“彻悟袁之种种行为，存心欺骗民党”，最终选择了辞职。

唐绍仪辞职之后。同盟会要求全体盟员退出内阁，宋教仁辞去了农林总长职务，蔡元培辞去了教育总长的职务。面对正式国会就要产生、临时政府结束在即的事实。宋教仁意识到，必须尽快改组同盟会推行政党政治，由参议院选出内阁总理，再由总理组阁。

为维持政局的正常运转，袁世凯提议参议院由外交总长陆徵祥出任国务总理。陆徵祥精通外文，早年出任过清政府驻俄国和荷兰的使臣。陆本人既不是同盟会的人，也不算袁世凯的人。陆虽然遭到同盟会议员的反对，由于共和党及进步党议员能够接受他，最终还是通过了参议院投票，顺利当选为第二任国务总理。

只是其后参议院将袁总统提任的六部总长全部否决，陆无法组阁，政府工作无法正常开展。由于当时的中国还不习惯于议员政治，社会各阶层认为共和制就是扯皮、吵闹和打架。更多人表现出对新制度的担心和质疑。在此期间日俄第三次密约签订和英国对西藏的染指，举国上下群情愤怒，北方的军警界更是对议员们不顾国家大局的做法不满，通电全国，散发传单表示抗议。章太炎、张绍曾、孙毓筠等社会名流联名致电副总统黎元洪，建议简化程序，便宜行事。章太炎说："借款不成，东使西行，处分支那，已在商议，往返四月，势即瓜分。原其借口，在中国政府之无能力；政府之无能力，在参议院之筑室道旁，议在锥刀，破文拆字，用一人必求同意，提一案必起纷争。始以党见忌人，终以攻人利己……名曰议院，实为奸府……宜请大总统以便宜行事，毋容拘牵《约法》，以待危亡。"袁世凯将最有影响的参议员接到总统府，劝说议员们顾全大局，以国事为重，同时吁请北方军人恪守军律。不久新的六总长名单送交参议院，除一人被否决外，其余获得通过。几天后，参议院通过了最后一位总长的名单。陆徵祥内阁终于宣告成立，参议院很快又启动了对陆"失职案"的弹劾。这样的内阁总理，实在无法担当，陆提请辞职。

民国建立初期，国民党代理理事长宋教仁很想干出一番政党的伟业。《国民党宣言》中，提出在中国以实行平民政治为宗旨，运用政党内阁完成共和政治。在宋教仁的亲自领导下，国民党在众参两院八百七十个议席中大胜，占据三百九十二席。按照《临时约法》的规定，议会第一大党自然组阁，宋将会成为责任内阁的魁首。宋马不停蹄地奔走于两湖、江西等地，为宣传未来的政党政府造势。

1913 年 3 月 21 日，上海老火车站，黄兴、廖仲恺、陈其美、于右任等国民党中央委员与代理理事长宋教仁握手话别的当下，遭到一个身材瘦小的男子的枪击。准备动身北上的宋教仁意外遇刺，不久身亡，时年三十一岁。宋教仁的被杀引起舆论大哗。

远在日本的孙中山闻讯悲痛不已，即时启程返回上海。黄兴、陈其美致函上海总巡捕房，希望尽快缉拿凶手。袁世凯接连发电慰问，并几次责成江苏地方当局侦破此案。虽然侦缉中牵扯出国务总理赵秉钧，但随着刺客武士英的暴毙，中间人应桂鑫的死亡，赵秉钧的外调和离奇死亡，洪述祖的守口如瓶到被判电刑，使这个案件最终成为历史谜案，成为中国宪政运动失败的一种记忆。

自由、民主的现代社会制度的运作关键要看政治制度的合理和矛盾的平衡、民间社会大众传媒的监督、执政官员和政治家恪守法治轨道以及民智水平。民国初年，考察其政治制度的设计，官智、民智的水平，都没有达到实现民主政治的程度，社会文化和法律基础更是异常薄弱。

三十七　皇帝美梦到天亮

1913年4月，第一届国会发现了袁世凯以盐税作担保与五国银行签订了“善后大借款”的秘密。当时，六国中的美国因为总统威尔逊认为对中国主权有严重伤害没有加入。袁世凯借款瞒着国会也是害怕国会反对。当年，唐绍仪借款招致国会反对，导致六国银行取消了对民国政府的借款。

袁世凯对国会权威的挑战，首先招致国民党人的强烈反对，黄兴通电公开表示反对，孙中山则对袁氏向五国银行的借款一事提出抗议。国民党参众两院的议员以蔑视国会罪弹劾袁世凯。善后大借款虽然闹得沸沸扬扬，五国银行还是预付给袁政府二百万英镑。5月5日，湖南都督谭延闿、江西都督李烈钧、安徽都督柏文蔚、广东都督胡汉民，联名反对袁世凯，国会参众两院否决了袁世凯的借款议案。

其间，以立宪派人士为主，民主、共和、统一三党合并成立进步党，理事长为黎元洪，理事为梁启超、汤化龙、张謇、伍廷芳、孙武、那彦图等。进步党成为袁世凯的工具，在袁总统发现政党的力量之后，用于对抗国民党。

面对国民党的反对，袁以中央名义下令免去李烈钧的江西都督，以黎元洪兼署江西都督；广东都督胡汉民调任西藏宣抚使，任命陈炯明为广东都督；安徽都督柏文蔚调任陕甘筹边使，任命孙多森为安徽都督。

7 月，李烈钧在江西宣布独立，黄兴在南京成立了讨袁军。安徽、广东、福建、湖南、四川几省先后宣布独立。“二次革命”爆发了。

袁利用军事上的优势和五国借款，一鼓作气拿下九江、湖口。南京战场，冯国璋部势如破竹占据南京。两个月后讨袁军“流水落花春去也”，独立各省先后取消独立。孙中山、黄兴出走日本。

袁世凯先后解除了湖南谭延闿、浙江朱瑞、云南蔡锷、广西岑春煊的兵权。袁安排汤芗铭督湘、李纯督赣、倪嗣冲督皖、冯国璋督苏，长江中下游地区尽收其手。任命龙济光出任广东都督，段芝贵出任湖北都督。震慑徐州的张勋、山西的阎锡山、奉天的张作霖不敢越雷池一步。

1913 年 10 月 4 日，运用袁手炮制的先选总统后建宪法的程序，国会宪法会议公布了《大总统选举法》。10 月 6 日，袁世凯正式当选为中华民国正式大总统。11 月 4 日，袁堂而皇之地发布总统令，以“二次革命”为由，下令解散同盟会，收缴同盟会议员们的证书、徽章。同盟会共四百三十八人被剥夺议员资格。国会从此因达不到法定开会人数而名存实亡。1914 年 1 月 10 日，袁世凯与国务总理熊希龄共同署名，发布总统令解散国会，把议员们打发回了老家。

总结袁走向独裁统治的路线。第一步是军事上的占领，中国广大地区被纳入袁的军事控制下。“二次革命”似乎给了他这样一个机会。除六个省外，所有内地省份都被拿下了。只剩下边远的南方，人口不到全国的四分之一，无力对抗中央。第二步收回省里任命官吏的权力，使之回到北京手中。地方官吏被大批解职，中央集权的统一在 1914 年几乎达到了民国时代的顶点。1914 年春，袁颁布了条例，逐步恢复了文职官员在政治上的优势。在削弱各省军方权力的前提下，强化各省巡按使的权重，军方不再参与包括收税和任命县知事的民政事务。

民国之初的政局，人们在挣脱封建纲常之后，社会暂时处于一种道德失范状态。对于多数人来说，秩序远胜过自由和权利。甚至出于安全感，一些人陷入对逝去时光的怀念之中。皇帝没有了，新的权威没有建起来，社会秩序远没有革命前平静安宁。社会矛盾不断激化，需要新的权威，来稳定复杂的社会秩序，于是复辟派应运而生了。

袁世凯顺应时势成为复辟者就成为可能。复辟派在恢复旧秩序中试图稳定新秩序，企图从旧道德的寻觅中达到复古，以稳定社会。于是在 1914 年以后的日子里，尊孔团体大量涌现，强烈的尊孔复古潮流涌现。

袁世凯面对道德颓势，对于秩序的维护持支持的态度。他以中央政府名义发布尊孔令，称赞孔子为“万世师表”，亲自参与祭孔仪式。康有为、劳乃宣为首的孔会，开始大肆活动，鼓吹还政于清。恢复满族的皇权，显然不是大多数人所愿意的，只是大多数人对于帝制本身却有着很深的怀旧情结。人们把民初的社会动荡归结为缺少绝对权威的缘故。现实的压力和中国文化回溯过去的习惯性，使人们对于过去这样上心，有些痛于割舍。

习惯于专制和集权的袁世凯对行使共和制这种国体早有怨言，认为对社会稳定和经济发展不能够快速形成决策。各省名义上支持共和制的旗号，暗地里无不与中央分权。中央政府更是根本不能统领南方各省。除了外交，南方各省都督掌管人权、财权、军权，甚至中央也不能过问。袁能够真正安排人事行使职权的地方只有北方直隶、河南、山东外加东北。甚至连北洋旧部也都羽翼丰满变得不太听话。

拥袁世凯为帝，起初是由杨度提出并致力推动的。杨度早年投师湖南大儒王闿运，其后东渡日本学习政法，很是推崇君主立宪制度。1915 年 4 月，著述《君宪救国论》，主要观点认为中国不行君主立宪，则强国无望。在杨度看来，共和国必须以民主自由传统为基础。同样在这一年，美国人哥伦比亚大学教授古德诺写成《共和与君主论》一文，发表在《亚细亚报》上。古德诺从纯学理、法理出发，认为各国采用什么样的政体，关键看是否适合本国国情，并由各自国家的历史脉络和传统决定。此外，日本人有贺长雄《新式国家三要件论》一文认为一个新式国家要具备以民主规则运行的国会、司法独立和发达的小学教育，而中国目前并不具备这三大要素。有贺长雄认为日本之所以迅速富强，就是因为采取了君主立宪政体。

1915 年 8 月，由杨度联合孙毓筠、严复、刘师培、李燮和、胡瑛共同发起成立了“筹安会”。六人中作为文化泰斗的严复认为按照文明进化的规律中国采用帝制更为妥当，只是要一些宪法约束。“筹安会”援引了拉丁美洲内战的例子来证明共和制对近代中国并不适用。筹安会作为学术团体通过对帝制的理论探索，设计保全国家之安全。这一团体随后又在各省成立了分部，组织了会员进行国体投票，组织各界公民请愿团，最终向参政院递交请愿书推动国体的更改。社会上掀起一股恢复帝制的声浪并愈演愈烈。先后出现了将军府请愿团、军警请愿团、商会请愿团、学界请愿团、教育请愿团、人力车夫请愿团……还有乞丐请愿团与妓女请愿团，可谓盛况空前。

参政院于是召开会议研究如何处理公民请愿难题。杨士琦代表袁世凯讲话，声称大总统是人民公举，国体如何也应“仍听之国民。”这种对变更国体态度的意图明显是想说，如果全国人民要求袁世凯做皇帝，袁也会遵从国民的意愿。

请愿浪潮真是一浪高于一浪，最让袁世凯倍感压力的是各地督军和护军使的劝进文书：“实见中国国情，非毅然舍民主而改用君主不足以奠长久之治安，是以合词密恳元首，俯仰舆情，扶植正论，使国体早得根本解决，国基早定根本之地位。”参与劝进的地方军人有云南蔡锷、广东龙济光、奉天段芝贵、河南赵倜、山东靳云鹏、湖北王占元、安徽倪嗣冲、山西阎锡山、吉林孟恩远、黑龙江朱庆澜、福建李厚基、绥远潘矩楹以及察哈尔张怀芝等。心思最复杂的群体，当属段祺瑞、冯国璋等手握重兵的北洋嫡系了，最让他们揪心的，无非是袁世凯称帝后，他们的“总统梦”永远成了一个梦。袁式政权要求各省都督只管军事，另设一个管理民政的省长，这样的做法也是段等人忌讳的。

事情演进到1915年下半年，强大的社会压力已经让袁感觉到，如果再不恢复帝制就会被民意所抛弃。10月2日，袁世凯再一次单独约见了英国驻华公使朱尔典，商谈国体事宜。袁世凯早年出使朝鲜时，朱尔典担任英国驻朝公使，两人私交不错。在此之后，无论袁世凯下野回到河南，还是复出就任民国大总统，朱尔典一直鼎力支持。

1915年12月13日，袁世凯在中南海居仁堂接受了百官朝贺。参加朝贺的文武官员有：大总统府、政事堂、大元帅统率办事处及各部司局长以上各员，军队警察师长以上各员，以及京城附近的地方官员。朝贺礼服没作统一要求，有穿军服的，有穿西服的，也有穿长袍马褂的，甚至有穿戏服的，怪诞而滑稽。待袁世凯在御座旁站定，典礼官高呼行礼。袁世凯点头示意，接受众人的致敬或跪拜，只是气氛并不喜庆，一股忧伤的气息夹杂其中。

日本人为支持袁氏称帝，秘密与其进行接触。“二十一条”的谈判，从1915年2月2日到5月7日历时105天，双方谈判二十余次。最后一刻，袁世凯同意除第五号的七条以外，部分接受了日本的要求。5月25日，陆徵祥与日置益正式签订所谓《中日条约》，其内容已经删去了原第五号、第四号，共保留下十三条内容。

谈判“二十一条”前后，日本首相、外相出面，向袁世凯表态支持其称帝。日本驻华公使日置益对中国外交次长曹汝霖说：“敝国向以万世一系为宗旨，中国如欲改国体为复辟，则敝国必赞成。”袁世凯获取了关于日本首相大隈支持自己称帝的讯息后，加快了复辟进程。

1915 年 10 月 15 日，日本外相石井菊次郎告知英国驻日公使：“在中国南方，反对袁世凯之宣传正在扩大。故很清楚，倘若试图恢复帝制，则将爆发起义，英日两国蒙受之损失将比其他国家更大。无论如何，至少要劝告中国放弃帝制之打算，以防远东发生动乱。”10 月 28 日，日本驻华代理公使小番酉吉串通英、俄、法、意向袁世凯提出口述警告，对外发表警告全文，鼓动中国民间声讨袁世凯。12 月 11 日，日本又串通五国向袁世凯发出第二次警告，声明五国政府不同意袁氏恢复帝制。日本这时候的突然反对，是在向袁世凯表明日本对中国问题是有发言权的，也是向世界宣告，日本已视中国为其保护国。

1915 年 11 月 11 日，云南将军蔡锷逃出京城，从天津转道日本、中国香港、越南，返回昆明。12 月 25 日，唐继尧、蔡锷等通电全国，宣布云南独立，并吁请各省联电要求袁世凯放弃帝制拥护共和。袁世凯一开始认为征讨护国军与平定“二次革命”一样可以很快结束。出乎袁意料的是，这一次不仅是护国军的力量强得多，而且背景要复杂得多。自己的心腹将领们，不约而同地进行着消极的抵制。真正听从袁世凯的变得少之又少。陆军总长段祺瑞，因为不满袁世凯大权独揽，称病不出，不愿担任前敌总指挥的职务。要求冯国璋出任征滇军统帅一职时，冯同样称病不就。到了 1916 年的 3 月，日本公开承认南方护国军为交战团体。五国公使认为袁政府无法平定云南，他们不能坐视战事扩大，必须确保社会秩序和外侨安全。战事一开，袁政府对内无力应对开支，对外获取借款不得，财政状况困难不已。

袁世凯想不到改变国体惹出如此大的事来。最初只是想恢复中央的权威，而现在各地自立的形势竟然如此蠢蠢欲动。到处都是不约而同地落井下石。

袁世凯后悔去如此愚蠢地恢复帝制，决心取消帝制。3 月 21 日，袁世凯召开了各部总长会议，做出决议撤销帝制并取消洪宪年号。八十三天皇帝梦宣告结束。袁世凯力图全力转向和谈，想象各界会给予他恢复共和的机会。只是人们已决心抛弃他了，决意不让袁留在任何的位置上。

接下来的事情就只剩下众叛亲离了。先是徐世昌辞去了国务卿一职，回了河南辉县老家。袁世凯想请段祺瑞为任国务卿，段提出恢复法国政体的内阁制。4 月份，袁世凯下令委任国务卿组织政府，取消政事堂，恢复国务院和国务总理的旧称。在悲凉无比中袁世凯拟定了一份退位后的优待办法，也许只有退出政治舞台，才能使这个国家重新归于稳定。既然身败名裂，也希望能够体面地结束这一切。

曾经面对皇帝权威的诱惑，袁世凯没有把持住，滑向了历史的深渊。在这期间也有苦劝他不要称帝的人。一位是袁的机要秘书后来担任机要局局长的张一麐。另一位是担任过帝国时代的贵州学政，参与过帝国废除科举改革的严修。对于两位国士一般的人物，袁世凯没有听进去，知道错时已经太晚。重病缠身的老袁，只能留待后人评价他的洪宪帝制。（张鸣：《张鸣说民国》，中国工人出版社，2013 年 11 月版，90—92 页）

三十八　段祺瑞三造共和

袁世凯死后，北洋系军阀开始四分五裂，形成诸多派系。各派系争权夺利互相攻战，从此拉开了军阀混战的大幕。

段祺瑞，字芝泉，1865 年出身于一个旧式军人家庭。其祖父段佩早年因镇压捻军有功而跻身淮军统领。1879 年，段佩在宿迁驻地意外死亡。从此，段祺瑞过起了颠沛流离的生活。两年后，段投奔山东威海的堂叔段从德处当了一名小兵。16 岁的段祺瑞从此不幸连连，来威海的第二年父亲段从文从威海归家的途中被害，母亲因哀痛过度不幸身亡。父母双亡后，段祺瑞获准回家奔丧，作为家中长子，他必须承担起照顾弟弟妹妹的重担，养家糊口。

1885 年，李鸿章创办的天津武备学堂要从淮军中招收一批学员。段祺瑞果断报名并由于成绩优异，被选入炮兵科学习两年。以最优等的成绩毕业后继而被选派德国学习军事。学习期满，段再次被指派前往德国克虏伯兵工厂，学习火炮制造和使用技术。1890 年，段祺瑞回国后先后任职于北洋军械局和威海武备学堂，成为近代中国最早的一批留洋军事人才。

甲午战后，袁世凯在保定创办陆军军官学校，用人之际，大批起用天津武备学堂毕业的高级人才，其中就包括段祺瑞。段来到小站后被委任为近 2000 人炮队的统带。这是中国近代第一支拥有 60 多门速射炮和重炮、近 500 匹战马的正规化炮兵部队。段祺瑞凭借卓越的军事才能，很快升任北洋新军第三镇统制。由于受到袁世凯的器重，段仕途顺利，成为袁世凯的得力干将，成为北洋集团的核心人物。袁进入北京，段统辖北洋六镇并做过几任陆军总长，回避袁世凯称帝而隐居西山。袁世凯死前，将国事托付给他，段祺瑞顺势担任内阁总理，成为政坛上的风云人物。

段祺瑞一生可圈可点，连毛泽东都对其有“化敌为友”的评价，不妨说说段氏三造共和的史话。

1911 年武昌起义爆发后，15 日，帝国陆军大臣荫昌率领北洋军解救武汉危局。荫昌作为皇室贵胄没有指挥作战才能，而且调动不了北洋军队。27 日，帝国政府召回荫昌，以袁世凯为钦差大臣主持前方军事。袁派冯国璋统领第一军指挥前方战事，段祺瑞统领第二军负责后方治安。只是冯国璋不了解袁的意图，一路猛攻猛打。袁世凯受命镇压革命派，同时想借用南方革命势力打压帝国政府，企图利用双方为自己攫取政治利益。

北洋军攻下汉口、汉阳后，袁世凯急忙下令北洋军驻足武昌按兵不动。袁担心赴京后冯国璋擅自进攻武昌，破坏他的计划。急令段祺瑞为第一军统领兼湖广总督，接替冯国璋主持武汉军事。

段祺瑞到任后，将前敌指挥部设在孝感。1911 年 12 月，“南北和谈”还在进行，暗地里段祺瑞派亲信廖宇春与黄兴的代表顾忠琛已经达成了确定共和政体、优待清王室、组织临时议会等条件的秘密协议。12 月 25 日，孙中山回国抵达上海。29 日，南京 17 省代表选举孙中山为临时大总统。元旦当天孙中山在南京就职，使原来进行的议和出现巨大变局。

湖北督军段祺瑞向大清帝国发出了下层军旅要求共和的讯息。南京临时政府的军队根本不敌训练有素的北洋军，孙中山通电表示大总统的位子会随时让给袁世凯，只要袁让清王室退位并赞襄共和。段祺瑞联名 46 名将领，再次致电大清内阁、军咨府和陆军部，一致要求“明降谕旨，宣示中外，立定共和政体。”段祺瑞声言将“率全体将士入京，与王公剖陈利害”，并将司令部由湖北孝感回迁至河北保定。隆裕太后接电后，召集皇亲王公商量，其后发布谕旨宣布清帝退位。

袁世凯大功告成，段祺瑞“一造共和”。民国建立后，段祺瑞出任了陆军总长。

当时“北洋三杰”中的王士珍告老还乡，冯国璋外调南京，段祺瑞留在了北京。其后，随着袁世凯称帝昭昭，袁段矛盾逐渐升级。对于袁世凯的称帝美梦，段祺瑞并不配合，令袁克定火冒三丈，便借故挑拨离间。袁克定亲往河北正定请王士珍出山，袁世凯任命王为陆军上将，借机架空段祺瑞。

不久，段祺瑞以陆军总长名义，领衔 19 省将军通电坚决反对签订“二十一条”。对外声明自己绝不会干前脚主张废帝制称共和、后脚再废共和复帝制的勾当。随后，袁世凯免掉了段陆军总长一职。段祺瑞事后与侄儿段宏纲说过自己曾五次劝阻袁称帝无果。

袁世凯称帝后，随着护国运动的发生，各省纷纷宣布独立。北洋将领群起反对，而领衔者竟是袁视为死党的段祺瑞。此后，袁世凯宣布取消帝制，恢复“中华民国”年号，任命段祺瑞为参谋总长、徐世昌为国务总理，黎元洪仍为副总统。然而，此时南方的革命党人坚决要求其下野，称袁世凯复辟帝制背弃共和，没有资格再任大总统。

面对全国的反对和亲信们的背叛，袁世凯最终忧愤积劳成疾，感染重病不治而病故。段祺瑞作为北洋元老、内阁总理、参谋总长、陆军总长，位高权重，推荐由黎元洪担任总统。1916 年 6 月 7 日，黎元洪正式就任民国总统，恢复国会和《临时约法》。是为段祺瑞二造共和。

民国时期，军阀混战。黎元洪在真正的民主宪政状态下不可否认是个尚且合格的政治家，但在武力时代，黎只能是个政治配角。

1917 年，黎元洪和段祺瑞在“对德参战”一事上发生了矛盾，段祺瑞主张对德宣战，黎元洪和国会则反对参战。平时，国务总理段祺瑞和国务院秘书长徐树铮把黎大总统当惯了“橡皮图章”去使用，连总统的私人信件都要先拿到国务院去开拆。黎总统对此十分生气，以致时常抱怨：这哪里是责任内阁制，十足的国务院秘书长制。如今机会来了。

5月23日，黎元洪免除了段祺瑞国务总理与陆军总长的职务，原因是段祺瑞秘密与日本签订了军事借款。段一气之下离开北京去了天津。徐树铮试图联合北洋督军们在天津拥立徐世昌为大元帅，要支持段祺瑞另立政府。北京局势变得很不稳定，各地督军纷纷宣布独立。黎元洪邀请徐世昌和王士珍出任国务总理无果后，由前清担任过广西巡抚的李经羲暂时代理。张勋连续两次召开徐州会议，邀请各省督军会商国事。张勋一边与各省督军开会，一边给黎元洪发电，自称愿意进京调停。黎元洪随即复电邀张勋进京。

张勋曾任大清帝国江南提督，民国后驻扎徐州任长江巡阅使。1912年11月，袁世凯发布“剪辫令”，只有驻军徐州的张勋不肯执行。张勋认为“君恩难忘”。二次革命时，张勋就任江苏都督，不挂五色旗，军中使用红色白边蜈蚣旗。军官穿晚清时的蓝色制服，兵士脑后垂辫。他绝对禁止在公文和口头上用“前清”两个字。总督衙门使用大清仪节。他在督军任上完全采用大清帝国官制，如知府、知县等，知县衙门恢复了刑名、捕快。大小官员见了大帅要行跪拜大礼，自称“卑职”，时人目之为怪异。

接到邀请，张勋打着“调停国事”的旗号，亲率约5000人的辫子军，自徐州沿津浦路北上到达天津。在天津张勋要求黎元洪解散国会，以此作为调停条件。1917年6月30日晚，张勋进入紫禁城召开“御前会议”，辫子军占领了各交通要道及通讯部门。

第二天，在康有为、王士珍等保皇派的帮助下，张勋拥立 12 岁的溥仪登基。张勋自任直隶总督兼北洋大臣，宣布进入复辟期，并命令北京商民悬挂龙旗，不得违抗。商民一时间来不及准备就在五色旗上绘上龙，应付检查。黎元洪以副总统冯国璋代理大总统，重新任命段祺瑞为国务总理，并提出讨伐张勋。

天津的北洋军早已枕戈待旦，段祺瑞立即组成“讨逆军”，并自任总司令，马厂誓师，带兵 5 万余人进京讨伐张勋。段祺瑞的“讨逆军”攻进北京时，“辫子军”一触即溃，整个战斗死亡不足一百人，到处是逃命留下的辫子。张勋仓皇逃入荷兰使馆，重做皇帝没几天的溥仪急忙颁布了退位诏书，张勋复辟只进行了 12 天。

赶走张勋后，段祺瑞恢复共和政府，以“三造共和”的身份重掌政权。黎元洪辞去大总统职务，冯国璋代理总统，段祺瑞自为国务总理兼陆军总长。

民国初的中国社会动荡不安，段祺瑞主张共和，坚决反对帝制。面对袁世凯恢复帝制和张勋拥清复辟，段祺瑞能够站出来主张共和、推动共和是难能可贵的。

三十九　直奉战争中的武人集团

在20世纪军阀乱斗的时代，吴佩孚不仅声名远扬，无疑也是个略有功名的人，他二十三岁中秀才，后来迫于生计在北京崇文门外摆摊做了算卦先生。挣钱养活自己很难，当然更没有什么发展前途。在堂兄吴亮孚的说服下，也学了古人班超的投笔从戎，在乱世中当了天津聂士成的兵，并考入开平武备学堂。

秀才兵吴佩孚经历了几年的军旅生涯，摸爬滚打不容易，逐渐认识清要想飞黄腾达，必须要找一个靠山。当时北洋陆军第三镇的统制是曹锟，一个老淮军，也是冯国璋手下的红人。吴佩孚认准了要投靠曹锟。

机会的到来是在日俄战争爆发前。1903年日本使馆副武官青木宣纯与袁世凯面商联合组织情报机构的事。袁从北洋挑出数十名士官与日本组成联合侦探队。这些北洋士官大部分毕业于军事学校，其中就有吴佩孚。侦探队工作出色，其后吴佩孚被派到北洋陆军第三镇，从此与曹锟结识。吴佩孚是个能把握住机遇的人。曹锟镇压蔡锷的护国运动时，吴佩孚战功卓著，取得了泸州、纳溪战的胜利。他还两次营救了被围困的曹锟军队。曹锟向袁世凯推荐了吴佩孚的功绩，吴被授予陆军中将。

此后，曹锟受吴佩孚指点也没有卷入赞成袁世凯称帝的旋涡中，吴得到了曹锟的绝对信任，开始扶摇直上。直、皖、奉三大派系形成后，彼此间的尔虞我诈更趋激烈了。张勋复辟闹剧后，直系冯国璋当上了代理总统，直系曹锟作为西路军统帅也是扶摇直上。

1918 年 2 月，吴佩孚受命代理第三师师长任前敌总指挥向驻守襄阳的黎天才靖国军进攻，一路攻克岳州、长沙等湘中重镇，段祺瑞却把湖南督军给了张敬尧。吴佩孚除了气愤别无办法。同年 6 月，吴佩孚攻下湖南衡阳开始按兵不动，第三师全体罢战。此后直系一直呼吁“停战”，反对段祺瑞的武力统一，并北撤郑州。1918 年以后两年间，直系兵力扩大到 9 个混成旅。1919 年冬，冯国璋病逝，曹锟成为直系新领袖。与此同时，直系对皖系的不满升级，酝酿已久的直皖战争爆发了。

奉系军阀张作霖联合直系军队突然出兵，5 日内便把皖系彻底打败。段祺瑞苦心经营的武力参战军最终幻灭。张作霖帮助直系军阀，实质上是在扩大势力。到 1921 年年底，经过一年多的扩军，吴佩孚以洛阳为大本营已拥兵十余万，成为直系集团中的主力。

直皖战后，直奉一直在实力平衡中共治北京政府，只是派系间的扩张意识和利益争斗不可能使这种局面长久维持。

直系认为奉系在直皖之争中出力太少。奉系向关内深入的野心明显。1921 年，直系在援鄂战争中夺得湖北地区，控制京汉铁路，吴佩孚成为实力派人物，增加了直系在北京政府的发言权。

奉系对靳云鹏内阁的不满逐渐升级。关外奉军向关内运动，关内奉军进行着实战演练。张作霖一边联络皖系势力，一边寻求南方革命政府的支持。眼看战争一触即发。

这时的直系已先后占据直鲁豫、江苏、陕西、两湖，吴佩孚不甘心在直皖战争中既得利益受损，打响了他与奉系军阀之间的直奉战争。

曹锟授予吴佩孚军事指挥全权，代表直系迎战关外张作霖。尽管吴佩孚直接参战的兵力不及奉系参战兵力的一半，并且其时张作霖、段祺瑞和孙中山正在打造“三角同盟”，奉系军队声势很强盛。双方在长辛店、固安、马厂展开激战。没想到战事一开，张作霖在北京的两个师便倒戈投向了吴佩孚。兵败如山倒，奉系的军队很快失去立足关内的实力。第一次直奉战争闪电般结束，奉军伤亡人数高达 10 万人，仅余 2 万人逃回山海关。直系完全掌握了北京政权。吴佩孚作为北洋集团的后起之秀，更成为 20 世纪 20 年代举足轻重的地方军阀，吴一生骁勇善战，称“常胜将军”，无论是张扬“和平统一”还是打造“救国同盟”都表明了他的政治野心。

直系军阀中另一个实力派人物是孙传芳。

孙传芳，字馨远，1885 年出身于山东泰安一个贫寒家庭，早年其父病故，随母亲长期寄人篱下。1902 年，孙传芳得到姐夫王英楷的帮助进入保定练官营，由于学习成绩优异被练官营总办冯国璋推荐进入陆军速成武备学堂学习。1904年，孙随留日生赴日留学，1908年毕业于日本士官学校。孙回国后进入北洋陆军第二镇第三协，得到了协统王占元赏识，并步步升迁。1921年，湖南军阀赵恒惕攻打湖北，孙传芳带领部队与湘军血战八天，一战成名。其后，吴佩孚保荐他当了第二师师长兼长江上游总司令，由此飞黄腾达。

1924年，孙传芳的部将齐燮元与皖系军阀卢永祥，为争夺上海地盘，爆发“江浙战争”，以直系获胜告终。江浙战争后，孙传芳乘机扩展了大片地盘，收编了卢永祥余部。奉系军阀张作霖率领优势兵力南下，图谋长江下游地区，由此挑起直奉大战。战争最紧急关头，冯玉祥倒戈，在北京发动兵变。张作霖的奉军势如破竹，连下天津、北京、直隶、山东、安徽、江苏、上海等地。1925年10月，孙传芳在杭州迎战张作霖。只用月余时间，孙传芳军队便横扫上海、江苏、安徽等地，活捉奉军前敌总指挥施从滨。其后，孙传芳在南京召开联军大会，宣布成立浙闽苏皖赣五省联军，自任联军总司令。孙传芳还开办了江苏联军军官学校并自任校长。孙的势力最盛时总兵力20多万，统辖东南五省之地，成为实力仅次于吴佩孚的直系军阀。

回过头我们再说说奉系军阀张作霖。

张作霖，字雨亭，1875年出生在奉天海城县的乡下。从小家境贫穷，8岁时父亲死于仇杀，13岁时被迫闯荡社会。他的文化水平只有3个月的私塾教育。

1894 年特殊的年份下，张作霖加入了马玉昆的队伍当上了骑兵营的小头目。大清帝国的军队在战场上兵败如山倒，张所在的队伍被打散了。

返回乡里的张作霖，倒插门到了赵家庙村娶了媳妇赵氏。在岳父的帮衬下张作霖组织了一支地方武装“保民团”，并利用盛京将军增祺“化盗为良”的政策接受朝廷招安，改编队伍为巡防营。东北不太平，张作霖长于算计，如鱼得水般地存活下来。1904 年日俄战争爆发后，他接受俄军的军械为之效力，俄军战败后又与日军合作。张作霖成为拥有七个营的统带，成为东北一支不小的势力。

1911 年 10 月武昌起义之后，东北总督赵尔巽骑墙观望。张作霖亲率所辖 7 个营的全部人马直奔奉天，求见赵尔巽并获取信任。张作霖与新军将领达成协议，东三省暂时不参与独立。张作霖因势利导不断壮大自己的势力。1912 年，袁世凯上台，面对中国不明朗的局势，张作霖的政治态度也是忽左忽右。张作霖发现日本在东三省已经确立了绝对的优势。所以频频走访在华的各级日本高官攫取政治利益。1916 年，张作霖成功当上了奉天督军。

在侵华日军势力中出现了想除掉张作霖的川岛浪速一派，也有反对派认为实现满蒙独立需要借助张作霖。张作霖当上督军之后，扶持张作霖派认为借助他可以加速实现满蒙独立，张作霖可以利用。川岛浪速决定暗杀张作霖，为满蒙独立创造机会。

1920 年以后，相继爆发了两次直奉战争。作为最大军阀集团的皖系在直皖战争结束后基本瓦解。北京政府由直奉两家控制，虽然张作霖和曹锟是儿女亲家，只是亲家在利益上也难长久相安。张作霖控制了东三省，又借助日本势力取得了兵力和武器上的优势。所以直系和奉系的矛盾不免会激化。一边是奉系张作霖的步步紧逼，一边是吴佩孚的不肯相让，双方只能通过一战来分出强弱。1922 年的第一次直奉战争中奉系的军队虽有装备，但打仗还是旧套路，所以最后的失败结果不会令人感到稀奇。多亏郭松龄和张学良训练的二、六旅作掩护，加上日本人的接应，奉军残部退回了关内。直系独占了北京政府。1924 年 9 月，奉系在经历了两年准备后终于发难，奉直第二次大战爆发。张作霖反思过往，听从身边包括总参议杨宇霆在内的姜登选、韩麟春、郭松龄等新派军官的意见，着手整顿军队，编练新军，一洗军队散漫无律的状况。1922 年 7 月，张作霖组建东三省保安司令部，自任总司令，统一奉军指挥权，同时成立东三省陆军整理处作为整军经武的最高执行机构。除最高决策由统帅部直接掌握之外，一切日常有关整军经武的重大事情，都要通过这里。扩建东北讲武堂作为军官的教育和训练机构。把对抗演习和实弹射击作为主要训练课程，完成人员的配备和整顿，使奉军部队达到了较高水平。到第二次直奉战争前，奉军步兵达到二十七个旅，骑兵五个旅，总兵力二十五万余人，还配备有相当数量的辎重兵。两年中，张作霖通过对奉军的改造，实现了军队的现代化。二次直奉战争进行过程中，冯玉祥突然回师北京，囚禁了曹锟，导致直系前线大溃退。战后，北京政府由冯玉祥和张作霖联手控制，段祺瑞做临时执政。但奉系的实力大，不久与冯系闹翻。国民军大败，冯玉祥下野，奉系单独掌控了北京政府。

1927 年，张作霖如愿以偿当上了北洋陆海军大元帅，成为当时中华民国的最高统治者。不过，好景不长，奉系的势力扩张引起了关内各派军阀的紧张争斗。先是孙传芳崛起于东南驱逐了南下上海和江苏的奉系势力。其后，吴佩孚再度出山，号称十四省联军总司令。于是形成了张作霖、孙传芳和吴佩孚三大军阀鼎立的局面，民国驱除旧军阀的时代也随之到来。

日本人要遏制势力越来越大的张作霖，而张作霖却要千方百计摆脱日本的控制。因此，日张矛盾在 1927 年后急剧升级。军阀混战的乱世，张作霖一生都与日本人巧妙周旋，使《满蒙新五路协约》等严重践踏中国主权的密约成为一纸空文。

四十　民主革命的终身战士

孙中山将大总统之位交于袁世凯，并没有阻止袁世凯走向独裁的步伐，《临时约法》和国会都成为集权下的摆设和玩物。

1912 年 8 月，孙中山做客北京，袁世凯腾出总统府搬到了国务院，北京官邸用于接待孙中山一行。孙中山在北京停留的一个月，与袁世凯的会晤就达十三次之多，谈到激动处袁世凯会站起来高呼“孙中山先生万岁”，孙中山也会站起来高呼“大总统万岁”。

一切都是表面，包括孙中山对袁世凯的和蔼印象和英雄感觉。孙中山对政治复杂性的认识很浅，他认为把美国宪法的模式搬过来，只需照着做下去，把总理制加进来，就果真能够约束袁世凯的权力。

民国建立之初，孙中山曾许诺自己不再关心政治，会抽身专注于搞铁路建设，希望十年之内建成 20 万里的铁路，实现国家富强。

在会晤中，袁世凯发现孙中山更像一个理想主义者，缺乏实干家应有的务实态度。孙中山的治国方略显得是那样空洞。当孙中山提出要修建铁路，他只是附和地说好。

9 月 6 日，孙中山前往张家口视察了京张铁路。9 日，袁世凯任命孙中山督办全国铁路，并把当年慈禧太后的豪华花车拨给孙中山使用，下拨专项经费供孙中山考察使用。

孙中山给黄兴写信，让黄兴北上。黄兴抵京后，袁世凯同样做了充足的接待工作。孙、黄在京期间前去拜访了前清皇族，向外界宣传“五族共和”。最后，袁世凯以袁、孙、黄、黎四人名义联合发布统一民国、奖励实业、开办银行、兴办铁路的法令。孙中山被授权筹划全国铁路，任“全国铁路督办”，黄兴任粤铁路督办。

武昌起义后，章太炎提议“革命军起，革命党消”，认为同盟会作为革命党应该适时退出历史舞台，于是就有了后来改组同盟会的说法。

孙中山北上的第二天，同盟会与统一共和党、国民共进会、国民公党、共和实进会合并成立国民党。9 月 3 日，孙中山被推选为国民党理事长，宋教仁为代理理事长。国民党成立之初，入党手续简单，对党员资格没特别要求。当时，国会内的共和党曾是第一大党，黎元洪为理事长，成员有张謇、章太炎、程德全、伍廷芳等人。重组后的国民党成了第一大党，在北京的临时参议院中，共和党有 40 席，国民党占了 65 席。1912 年 10 月，立宪派看到国民党、共和党的力量，为了跻身其间，汤化龙、林长民等人合并统一共和党、共和保进党、共和促进党、国民新政社四团体成立民主党，推举梁启超为领袖。

孙中山不精于政党，离开北京去日本考察铁路，黄兴也去了湖南，宋教仁成了国民党的实际负责人。宋教仁为了扩大国民党的影响进而组织内阁，奔走于南方各省。1913 年 2 月 4 日，大选揭晓，国民党以 392 席获得空前胜利，共和、统一、民主三党仅得 223 席（国会召开后三党合并为进步党），政党内阁呼之欲出。宋还联合章太炎等人，准备在正式大总统的选举中保黎弃袁，将国家大权抓在革命派手中。

3 月 20 日，宋案发生。3 月 25 日，孙中山从日本返抵上海，召开了国民党高级干部会议商讨对策。大家一致认定背后主谋是袁世凯，会议主要研究倒袁事宜。除戴季陶一人赞同中山先生的武力主张，其余多力主用法律方法解决。

从 7 月 12 日李烈钧湖口起事到 9 月 1 日南京完全被占领，国民党的军队被袁世凯的北洋军彻底打散，其他各省纷纷取消独立。在形式上，除了广西、贵州、云南、四川，袁世凯基本实现了国家的统一。

唐德刚对二次革命的评论，认为二次革命开了用武力解决争端的民国先例。此后，地方不服中央借故就起兵，而中央为捍卫权威也选择动武。美式法律制度在当时缺乏生存的空间。民国套用中国人的思维，穿着美国人的鞋子，跌跌撞撞不平稳。

民国成立已一年半有余，国家仍然没有个正式总统，不仅没有外国承认，国家政治凋零，英侵西藏，日、俄侵满蒙和东北，举国忧愁。1913 年 8 月 5 日，黎元洪联合十九省的都督主张先选总统，或从速制定宪法。

进步党人提出先制定大总统选举法，以选举法为基础，选出总统，然后再制定宪法。9 月 5 日，参众两院顺利通过“先选总统后定宪法”的提案。一个月之后，《大总统选举法》出炉，终于赶在 10 月 10 日之前，做好了选举正式大总统的准备。10 月 6 日，经过 14 个小时三轮总统选举，在第三轮中袁世凯终于以 507 票当选。第二天，黎元洪以 610 票高票当选副总统。1913 年 10 月 10 日，武昌起义两周年的日子，袁世凯和黎元洪正式就任正副总统。俄、法、英、德、奥、意、日、比、丹、葡、荷、瑞、挪等 13 国政府均发出照会，承认民国。逊清皇室也派代表祝贺。

之后，袁世凯借故解散了国民党，11 月派北京军警包围国民党北京支部和参众两院，收缴国民党议员的证书、徽章 300 余件，又命令军警追缴湖口起事前已脱离国民党籍的议员 80 余人的证书徽章，前后两次总共取消 438 人的资格，超过了两院议员的半数。国会停顿后袁世凯以政治会议机构代替了国会。1914 年 1 月，袁世凯向政治会议提出修改约法草案。3 月 18 日，约法会议开幕，其后酝酿形成了一部《中华民国约法》。5 月 1 日，袁世凯正式公布《中华民国约法》，同时宣布废止《临时约法》。这个“袁记约法”把责任内阁制变成了总统制。总统可以“解散立法院”。“袁记约法”成立的“参政院”可以审议重要政务。所有参政院的参政，必须由总统决定。参政院推荐 10 名委员组成宪法起草委员会，起草宪法。而宪法草案经参政院审定后，“由大总统提出于国民会议决定之”，“国民会议由大总统召集并解散之”。似乎一环一扣，说来说去大总统最大。

逃离上海后，孙中山认为，二次革命的失败是因为国民党内部涣散、思想混乱、组织不纯。“非袁氏兵力之强，乃同党人心涣散”，国民党已不能领导革命继续前进。国民党的军队主要被各地方实力派控制，孙中山、黄兴等人无法部署更谈不上统一行动。二次革命发动时，南方诸省多持观望态度。孙中山认为，同盟会改组为国民党，鱼龙混杂，遂决心从整顿党务入手，重组新党中华革命党，要求党员必须无条件拥护一个有绝对权威的领袖。

1913 年 9 月 27 日，孙中山亲自拟定入党誓约，规定入党者须绝对服从，皆须重立誓约，加按指印。入党者要喝血酒，要歃血为盟。1914 年 7 月 8 日，孙中山在东京正式成立中华革命党。

中华革命党设本部于东京，孙中山为总理，黄兴为协理，因黄反对立约按指印，拒绝入党。设总务、党务、军务、政治、财政五部，由陈其美、居正、许崇智、胡汉民、张静江分任部长。中华革命党的成立，并没有达到中山先生的预期目标。首先，由于部分规定引起众人不满：比如入党人按党员党龄享有不同权利还必须加盖指模。黄兴、李烈钧等老同志，认为“前者不够平等，后者迹近侮辱”。从此黄兴远避美国。中华革命党选举总理时，只有八省代表参加，绝对服从个人的要求只有少数人能够接受，都督中参加中华革命党的只有胡汉民、陈其美两人。革命党把武装讨袁放在首位，自

1914年7月至1915年12月，南方四十多次武装起义并没有产生太大的影响。由于起义组织上采取个人绝对服从主义，军事上脱离人民群众，并没有取得护国战争的领导权。1916年7月护国运动结束后，中华革命党宣告停止一切党务。1919年10月，孙中山将中华革命党又改组为中国国民党。

五四运动的爆发，使孙中山的眼界大开，使他看到了人民大众奇迹般的力量，开始完全抛弃早年间对于日本帝国主义的幻想，认识到革命须革除官僚军阀和政客三种陈土。（孙中山：《改造中国之第一步》，《孙中山选集》，人民出版社，1981年版，475—476页）

苏俄十月革命的发生，促进了苏俄和第三国际与孙中山的联络。维经斯基和马林的前后两次来华之行，使苏俄和孙中山有了更多的接触。孙中山的目光开始从西方转向东方。（黄修荣：《国共关系七十年》（上卷），广东教育出版社，1998年12月版，80—100页）

四十一　五四走出的中国气节

中国的启蒙运动与欧洲的启蒙运动，根本差异即在于中国讲得最多的还是民族问题。中国近代历史确实让国人为国家命运设计了多种救国方案，为之进行不断抗争。蔡元培曾说自己是手枪与炸弹历练出来的。满清末年和民国初年的学生对于民主即革命的理念充满幻想。

1919 年注定是多事之秋。5 月 3 日，北大学生许德珩和预科生黄日葵到北女师进行串联。据学生领袖罗家伦回忆，《京报》主笔邵飘萍把一个关于山东问题失败的消息带给了北大的学子们，学生群情激愤，包括北大、清华、高等师范、中国大学、朝阳法学院等 13 家学校的学生代表当晚在北河沿法科第三院召开临时会议，出席人数达到一千多人。由邵飘萍做报告，学生们当场议决第二天联合各学校发动游行，并成立了由 20 名委员组成的干事会，傅斯年、罗家伦、段锡朋、许德珩等人都是干事会成员。大会共议决办法四条：一、联合各界一致力争；二、通电巴黎专使，坚持和约上不签字；三、通电全国各省市于 5 月 7 日国耻纪念日举行群众游行示威运动；四、定于5月4日（星期日）齐集天安门举行学界大示威。

1919年5月4日上午8时，有七八千学生在天安门前集会，每人手执小旗，上面写着“打倒卖国贼，收回山东权利”，“誓死力争，保我主权”等标语。上午9时，各中等以上学校代表在堂子胡同法政专门学校开会，讨论下午的游行路线，决定从天安门出中华门，先到东交民巷向美、英、法、意四国使馆陈述青岛问题。然后转入崇文门大街、东长安街，前往赵家楼曹汝霖住宅。傅斯年被推举为行动委员会主席。下午1时，天安门广场上聚集的学生越来越多。教育部派官员到北大希望通过校方阻止学生外出。蔡元培先生劝学生们不要上街游行，认为游行并不能扭转时局。学生们有什么要求，他可以代表同学们向政府提出。几个学生一拥而上，把蔡先生拥走了事，就这样队伍不顾蔡校长的劝阻出发了。学生们向天安门广场前进，并不断高呼口号，向路人派发传单。

广场上已人如潮涌，各类旗帜迎风飘扬。广场的气氛在呼喊声、鼓掌声中被推到了沸点。北京步军统领李长泰、警察总监吴炳湘，都赶到了广场。学生代表对李长泰说：“我们今天到公使馆，不过是表现我们爱国的意思。”在傅斯年带领下，学生队伍打着五色国旗向东交民巷前进。在东交民巷口，学生被巡捕拦住。学生们还相当守秩序，他们派罗家伦、江绍原二人为代表，到美国公使馆递交说帖。说帖指出：德国在山东青岛曾占有的一切权益，不直接交还中国则东亚和平与世界和平都要受到影响。有人高喊：“打倒卖国贼！”

“我们去卖国贼的家吧！”队伍离开东交民巷，经御河桥、东单牌楼，往赵家楼的曹汝霖住宅去了。

从天安门广场到东交民巷，再到后来火烧赵家楼与殴打章宗祥，无论是集会还是请愿，甚至是殴打这样的过激行为，社会舆论几乎都倒向学生，指责警察“野蛮”“残暴”的多。学生的爱国、不畏牺牲、坚持真理，社会理应给予他们理解和支持。个别学生的纵火、殴人，成为考验那个时代警察的法理难题。警察没有过分使用武力，没有强行阻止，只是当事态发展到纵火和伤人时，才抓捕和驱散学生。而且被捕学生被给予宽敞的囚室，允许走动与交谈，还可以阅览报纸，伙食标准按警察厅科员例处理。

因为对有再造共和之功的段祺瑞的嚣张气焰不满，总统徐世昌对学生颇为宽容，但政府主要考虑的还是时事对政局形势的影响。

5 月 14 日，徐世昌召集安福国会的两院议长举行紧急会议，研究外交和学潮问题。段祺瑞坚持对学生要采取强硬态度，5 月 15 日，政府批准了北洋教育总长傅增湘辞职。傅先生因坚决反对解散北京大学、政府下令镇压爱国学生和罢免蔡元培先生北大校长职务的事情而愤然辞职。全体学生决定采取罢课的手段，做最后的唤起全体国民声援的努力。

罢课已经开始在全国蔓延。北京的学生代表去到上海。在上海，北京的学生方豪、天津学生杨兴亚和上海学生何葆仁共同合议到广州进行宣传。京、津、沪、粤四大城市学生向北京政府提出罢免曹汝霖、章宗祥、陆宗舆等卖国贼及拒签巴黎和约的要求。

而且学生们的行动迅速得到其他城市的声援。5 月 20 日，九江学生罢课；5 月 23 日，天津学生罢课，以援助北京学生；同日，济南罢课；24 日，唐山、保定罢课；26 日，太原罢课，上海学生总罢课。28 日，苏州罢课；29 日，杭州、南京罢课；30 日，福州罢课；31 日，安庆、开封、宁波、无锡罢课；6 月 1 日，武汉罢课；3 日，南通、长沙罢课；5 日，漳州罢课；6 日，镇江、武进罢课；9 日，徐州罢课……罢课潮席卷了全国两百多个城市。

5 月底，北京学生走上街头组织演讲，推销国货。《每周评论》等报刊密切关注着事态的发展，及时报道学生和市民们的活动，展开的评论对运动起了舆论导向作用。6 月，政府颁布了必须复课的命令，说是因为学生们纠众滋事，纵火伤人，这也成为政府实施大规模镇压的先声。6 月 5 日，上海宣布戒严，作为长江下游的大商业中心，上海率先开展三霸斗争。6 月 10 日，北洋政府将交通总长曹汝霖、驻日公使章宗祥、币制局总裁陆宗舆免职，各地的罢市活动陆续结束。

被捕学生被如数释放回家，曹、陆、章三人被北洋政府罢免，中国代表团没有在和约上签字。7 月 9 日，蔡元培复职，返校前由蒋梦麟主持校务。学生们的诉求，已接近完全胜利。

五四运动对中国社会的影响，远远超越了民族主义的局限。南北军阀的存在，武力讨伐没有休止。武力统一激不起地方军阀的兴趣，有实力的不愿被利用，没有实力的对所占据的资源又利用不起来。孙中山的北伐也是广西广东再湖南一路寄希望下去。五四成为一个悲情运动，占据爱国的制高点，社会人等带着对巴黎和会的情感落差，道德诉求直指段政府和安福国会。（张鸣：《军阀与五四》，广西师范大学出版社，2010 年 5 月版，107—109 页）

五四将军阀之间的争权夺利，淹没在了一场全国性的政治运动之中。直系把它作为一种政治动员，皖系整体失语，所以直系就很占优势。皖系尽管还在军事上占优势，但好像在道理上吃了黄连，仗打得一塌糊涂。五四后直皖交恶，直系和皖系发生了分裂，成为北洋军阀真正分裂的开始。军阀不再能够控制住全国的局面，北洋军阀的统治崩溃了。（张鸣：《重说中国近代史》，台海出版社，2016 年 9 月版，348—350 页）

中国参战并没有在巴黎和会上收回山东权益，诱发了五四运动，爱国主义的狂潮甚至在巴黎都宣泄出来，数万华工和留学生走上街头进行抗议，捍卫中国权益。中国代表团最终放弃了签字。但严复认为拒签的背后也是拿个人的清誉去赌放弃进入国际社会的机会。不过，弱国无外交，国力不强，国家利益本来就难以保障。

五四也让陈独秀、李大钊领导新文化运动走上了革命之路。1924 年，孙中山在苏俄的帮助下改组中国国民党，实行“联俄、联共、扶助农工”三大政策，李大钊、毛泽东、张国焘、瞿秋白等一大批中共代表人物帮助中国国民党改组，与国民党共同领导国民革命的发展。1925 年 3 月，孙中山病逝于北平。1926 年 7 月，国民革命军出兵北伐。一年后，国共两党的合作最终因为阶级利益和主义信仰的矛盾走向全面破裂。

第四章 | 中国近代化之路的反思

四十二　由中国边疆危机引发的主权意识

自秦汉统一中国以来的2000多年，中国的疆域范围及治理方式，基本上沿着天然的陆地线和海岸线展开。中国东临太平洋，西部连接帕米尔高原，西北是阿尔泰山，西南边陲是喜马拉雅山脉。总的来讲，中央王朝国势强盛时，疆域的范围就大，治理和统治力度大；反之，则疆域会有收缩，特别是与少数民族的分界线内移，治理力度弱一些。基于中国所处的特定环境和条件，周边没有能与中国抗衡的政治力量。这种格局一直持续到明末清初，俄国越过乌拉尔山侵入亚洲。在大清帝国东北边疆军民的反击下（1685年和1686年有两次雅克萨反击战），沙俄的殖民扩张受到遏制。

沙俄沿西伯利亚向东方开展殖民，17世纪30年代其势力已经达到亚洲的东端。1689年的《中俄尼布楚条约》成为中国历史上与外国订立的第一个边界条约。条约规定：两国以额尔古纳河、格尔必奇河、外兴安岭至海为界。条约规定：乌第河一段“土地应如何分划，今尚未决，此事须待两国使臣各归本国，详细查明之后，或遣专使，或用文牍，始能定之”。大清帝国政府在签订《尼布楚条约》和其后的《布连斯奇条约》时虽有所让步，但条约确立了近代意义上的中国东北和北部边界，史学界评论其还算公允。

大清王朝在入关后百余年继承和恢复了历史上中国的大一统疆域。1683 年，大清帝国设台湾府，隶属福建。1727 年，在西藏设立驻藏大臣，对西藏事务实行直接管辖。1755 年至 1757 年，清军先后平定准噶尔，统一了西域天山以北地区；1759 年又出兵平定大、小和卓之乱，统一了西域天山以南地区。

边界是近代国家概念，是指相关国家通过签订条约、各方会勘确定的国家之间的分界线。历史疆域是古代国家概念，是指近代前历史上不同时期王朝国家自认的管控范围。

直到 18 世纪中期，除元朝统一西藏外，历代王朝的中国历史疆域是在一个大致的范围内，依国势的消长和内部政治局势的变化而有所伸缩和改变。

自鸦片战争后，中国的边防开始正式进入中外之防的阶段。（马大正：《中国边疆经略史》，中州古籍出版社，2000 年 10 月版，368 页）由于大清帝国的腐败和衰弱，边疆屡遭侵犯，情况开始变得复杂起来。

从 19 世纪 70 年代以后，中国边疆危机不断升级。1874 年，日本利用琉球船民被杀事件出兵侵犯台湾，东南边疆告急。1888 年 3 月，英军进犯西藏边境要塞隆吐山，发动第一次侵藏战争，西藏告急。俄英入侵帕米尔，西北边疆再次出现危机。1878 年 1 月，左宗棠收复新疆。

19 世纪中叶，西方资本主义势力侵入中国，经过太平天国的风暴，新的生产方式在逐渐摧毁和改变着中国的传统生活方式。

以满蒙地区为例，资本主义生产方式也促进了中国西北和北部地区的发展。1900 年，沙俄在参加八国联军行动共同攻占北京的同时，单独出兵侵犯我国东北三省。入侵东北，是从血洗海兰泡和江东六十四屯开始的。蒙古地广人稀虽没有遭遇军事性占领，但一样会被列强卷入国际贸易体系当中。铁路的发明改变了中国沿边与内地的关系，货物通过铁路实现远距离运输，不仅是汉族移民，俄国人也从西面进入草原地带。（刘东主编：［美］巴菲尔德著：《危险的边疆》，江苏人民出版社，2011 年 7 月版，391 页）进入 20 世纪，西伯利亚铁道绕过蒙古的北部，东北的铁道网改变了内蒙古东部，平绥铁路一直到达内蒙古的南缘。随着铁路的延伸，俄国商人进入蒙古，俄国移民也随之而来。蒙古被沙俄所侵略，之后是苏联对蒙古人民共和国的贷款和政治军事控制。内蒙古的大部地区，自 20 世纪 30 年代日本侵入东北起，就逐渐转化为日中之间的对抗。

再说说中国近代海疆。在古代，由于科技航海条件的制约，征服大海似乎是一件不可能的事，因此一直到鸦片战争之前，中国来自海上的威胁是很少的。

1842 年第一次鸦片战争期间，帝国军队在东南近海区域的战事中屡屡受挫。处于前线指挥官位置的官员开始关注向西方学习，认识到西方船政和武器技术的强大，提出封锁海口，坚壁清野，但造成的影响并不大。战前署理漕运总督的李湘棻公开提出发挥中国陆战之长处与敌对抗于内河，放弃与英人在近海作战。对于两次鸦片战争战败的原因，大清帝国政府更多的还是认为是将帅的指挥失误和兵士的疏于训练造成的。那些提出正确意见的一线将士大多在战后被追责，或降职或调离海防前线的重要职位。进入 19 世纪 70 年代后，随着边疆危机的频频发生，海防与塞防之争演化为海防与塞防并重战略的实施，成为中国海防近代化启动的真正标志。

1874 年 4 月，被大清政府视为蕞尔小国的日本发兵台湾并迫使中国赔款 50 万两白银，东南海疆危机再现。帝国政府筹议海防时，督办南洋海防的福州船政大臣沈葆桢提出来设福建巡抚，加强东南海防。1875 年，福建巡抚丁日昌主张在台湾设省，在此之前长期对台实施“为防台而治台”的消极政策开始发生改变，大清帝国开始认识到了台湾的军事作用。

甲午战败后，大清帝国动议在台建省。1886 年 4 月，大清帝国再次谕示闽台防务紧要，台湾设省的筹议抓紧实施。（马大正：《中国边疆经略史》，中州古籍出版社，2000 年 10 月版，433 页）1887 年，台湾巡抚衙门设立。1888 年，刘铭传上任福建台湾巡抚。可以说，台湾建省无疑也是海防与塞防争论的重要成果，带动了中国海防的近代化。

从丁日昌倡议海军建设到李鸿章真正付诸实践，中国海防思想不断发展。张之洞作为晚清帝国重臣，十分重视中国海防。甲午战争后，他重视重建海军，提出“战守两事，义本相资，故必能海战而后海防乃可恃”。张之洞看到了海上战争的重要性和战守之间的辩证关系，他的眼界突破了传统的口岸防御思想，有了依靠海军海上作战争取制海权的思想萌芽。

四十三　孙中山先生理想中的伟大中国

孙中山为民主革命奔忙了大半辈子，发展经济也是他理想中的中国问题。1912 年 4 月，中山先生在辞去南京临时政府临时大总统的职务后，开始思考和实践自己的建设计划，并最终完成了《实业计划》一书。

孙中山认识到西方工业化是通过商业剥削殖民地和半殖民地的农产品和工业原料来发展自己的工业，再以工业带动其他经济门类的发展。中国作为农业大国，农民是国家的人口主体，实现民生问题在近代中国注定是艰难和痛苦的。所以，孙先生也视民生问题为革命目标。特别是在民国建立之后，孙中山自视民族、民权主义已经实现，解决民生问题开始进入他的视野。他认为发展农业是解决问题的关键。

孙中山主张“洽本于农”，把农业视为国计民生之大事。他认为中国长期缺乏粮食，一方面是农业本身的落后，另一方面是由于受到外国经济的压迫。国家要做的除了坚决反对帝国主义的经济掠夺之外，就是改善农业生产条件，发展商品经济，增加农业收入。他认为办农业学校，培养农业人才，这些都很重要。在具体倡导农业之余，孙先生还写作《农功》等农业文章，介绍西方农业科学知识，包括土地改造的方法，“化瘠土为良田”，并主张设官吏总揽农事。

孙中山认为发展农业，要讲求“以农为经，以商为纬”。20 世纪 20 年代，孙中山提出“平均地权”的思想，致力于实现“耕者有其田”，并通过政策和法令来保障农民的土地问题，限制地主的剥削，增加农民的收入。

孙中山也重视兴修水利，并把治水和治人结合起来。在其《实业计划》一书中对治河治水给予高度的重视，制订了关于治理黄河、长江和珠江三大水系的计划，把江河治理与农业、航运业的发展做整体考虑。

对于中国难以完成的工业化，孙中山也有论及。他认为中国必须先振兴实业才能使中国富起来，以机器生产代替落后的手工生产。在孙先生实现中国工业化的《实业计划》中，注重铁路和道路的建设、运河和水道的修治、商港的建设，“非先有此种交通、运输、囤货之利器”，无法发展中国的工业。

孙中山提出交通是实业之母，铁道又是交通之母，因此孙先生以铁路建设作为工业近代化的基础，认为“处今日之世界无铁路无以立国”。自 1912 年 4 月辞去临时大总统之后，孙中山开始筹划中国铁路建设，邀请詹天佑作为助手，吩咐马君武、徐谦等人办理具体事务，他们的足迹遍布华北的津浦、京奉和华东的沪宁、沪杭等铁路。1913 年孙中山远赴日本考察铁路。

孙中山在《实业计划》中将铁路建设分为六大铁路系统，即西北、西南、中央、东南、东北、高原铁路系统，并将铁路修筑与三大港口（北方大港、东方大港和南方大港）建设联系起来。把三大港作为中国与世界经济联络的“枢纽”，利用开放式的铁路系统，使中国货物成功流向世界。

铁路横贯中国，“沈阳与广州语言相通，云南视太原将亲如兄弟焉”。（孙中山：《中国之铁路计划与民生主义》，《孙中山全集》第2卷，中华书局，1982年版，490—491页）铁路可以提高中国人的文明，增强团结巩固统一。

作为铁路、空运和海运交通的补充，孙中山提出全国公路网计划，修建公路100万英里。在水路交通计划中，北方大港要建成与纽约一样，要选在渤海直隶湾大清河西海岸；东方大港大如纽约，选址在上海；南方大港是将广州港进行改良。此外，孙中山计划修竣运河、水道数条，疏浚黄河、淮河等河流。

孙中山在《实业计划》中也提到增设电报、电话及无线电，增强通信建设。

孙中山认为要发展近代工业，首先要发展机器工业。在大机器生产的基础上，增加社会财富。中国矿藏丰富，山西、河南盛藏煤炭，四川、甘肃有石油，西南各省锡、银、金、铜、铁蕴藏量大。发展矿业也是工业基础。

此外，《实业计划》也有篇幅不小的关于粮食工业、服装工业、棉花工业、羊毛工业、交通工业、印刷工业的叙述和主张。

为了改变“农本商末”观念，走农、工、商立国之路，孙中山强调树立重商思想的观念，将三者共同列为立国之基础。根据中国的实际情况，重商是社会发展的需要，重农也是中国的客观需要，所以孙中山先生提出了“以农为经，以商为纬”的建设方针。

孙中山先生强调发展商业，先去改变国人的观念至为重要。1918 年 2 月，孙中山在广州做演讲，指出“国家改革，譬如拆旧屋、建新屋，旧屋既拆，而新屋猝未建成”，提倡士农工商积极参与经济建设。1919 年 9 月，孙中山致函大总统黎元洪，希望他主持修改税收政策、统一币制，大力支持商业。

孙中山在思想上继承和发扬维新人士薛福成、马建忠、郑观应等人的振兴商业思想，要求学习西方，振兴中国商业。孙中山提出在冲破社会阻力顺应时代潮流方面，坚持“国政与商政并行”，国家发布保护商业的法令，保护商人的正当利益。

1912 年 1 月，孙中山在总统任上亲自批阅商务文件，宣传临时政府的商务政策。在解职后，孙中山先生一面竭力宣传三民主义思想，一面筹措工商事业。通过演讲，唤起国民的实业热情。

1916 年后，孙中山把振兴商业与改良政治结合起来，因此他的商业政策不可避免带有两面性。他开始设法预防商人利用中外合资和私人独资垄断市场，提出节制私人资本，解决贫富不均。后期他又提出通过“扶助农工”来解决中国的经济和民生问题，只是由于在当时并没有也不可能提出集体所有制，确立不起具有中国特色的经济制度，但无疑为后人留下了方向和加以完善的思维。

四十四　关于农村的那些事儿

随着大清帝国中期以来社会矛盾的突出，川楚地区成为众多流民聚居之处。18 世纪末至 19 世纪初，川陕鄂边境爆发了规模宏大的白莲教起义，主要领导人物王聪儿。这次起义历时 9 年，直到 1804 年大清帝国才把这场起义镇压下去。

历时长久的征伐不仅耗尽了帝国的经济实力，也重创了帝国的正规军。以致在后来的征缴中，不得不动用地方自助武装，这就是“地方团练”的由来。团练由地方士绅领导，以村寨为依托，设防自卫，坚壁清野。

清帝国允许地方军事化的存在，使其合法性成为事实。太平天国运动之后，团练取代了保甲制度的功能，政治功能越来越显示出来，士绅作用日益扩大。地方政治的军事化成为近代中国乡村长期动荡的重要原因。（马平安：《晚清变局下的中央与地方关系》，新世界出版社，2014 年 1 月版，80—81 页）

在湘军崛起的影响下，势力日益扩大的地方督抚开始将触角伸到县以下。乡绅开始出现权力的公开化倾向，组织地方团练、调解纠纷、充当中介角色。乡绅的政治介入使乡村环境发生变化，对于道德力量的依赖有所减弱，转向对一定武力的依赖。乡绅进入城镇居住的现象日益明显，农村统治力量趋于弱化，人文环境趋向恶化。

在这样的背景下，变革性的尝试，把农村的改革指向地方自治。大清帝国在衰亡中力行变革，1901 年以后的新政推动了地方自治，各省谘议局和自治团体涌现出来。地方村社精英参与管理地方事务制度化了，乡绅们的权力更为直接。随着科举制度被废除，农村中的私塾开始衰落，也使村社中的知识分子无心安于乡土，竞相投身于新式学堂，离开乡土，带来了乡土人文的恶化。同时，长久以来以科举为核心的选举制度和教育制度，习惯性地成为维系乡村社会精英和政治精英的纽带。作为帝国中枢大臣的端方和袁世凯提出迅速废除科举，目的之一就是消除人们对旧制度的依恋，使士绅接受新的教育制度，先破后立去完成改革。

自治的理想不是解决中国农村问题的最佳方案，但不得不说已经成为一种趋势和选择。1902 年，欧榘甲《新广东》一书中说："且夫自立者，天地之大义，生人之本分，不可不担当不力行者也。我人之呻吟于专制政体之下，不得平等自由，登进文明之路，宜早树独立旗，击自由钟，以奋我国民之精神，以复我天赋之权力，虽满清政府未到如斯之地位，尚需早图自立，以除阻我文明之进步矣，何况其衰颓至于今日者乎？"中央与地方间关系重构成为近代中国地方自治思潮的逻辑起点。推行地方自治成为缓解政府巨额赔款和村乡事务的应急措施。借助乡绅的力量，赋予他们权力，通过他们完成费用的征集，完成行政网络的延伸。（张鸣：《乡村社会权力和文化结构的变迁》，陕西人民出版社，2013 年 3 月版，46—47 页）

农村凋敝日甚一日，进入 20 世纪 20 年代，农村社会在军阀统治下，农民的处境越发悲惨。农民变成地方势力之间争斗的资本，一定条件下还得让他们生存下去，一定时候还对他们行使保护义务。乡村的破败面临一个日益恶化的政治经济环境。

很多生活混不下去的农民当了兵，当兵吃粮似乎成为一种天经地义的职业。西北地区的军阀系统往往不能按时支饷，兵员生活并不好。农民也有平时务农，战时从匪的，尤其是在河南、山东、贵州、四川等数省。四川地区的匪患达到 150 万的规模，危害地方很多年。留在土地上的农民尽可能地利用土地，种出商品化高的作物，除粮食外，甚至种植特殊的"经济作物"鸦片。曾任英国驻天津总领事的谢立山爵士，1910 年到 1911 年期间，曾两次来中国调查种植罂粟的情况。谢立山爵士在旅途中经常发现小块种植但连洼成片的罂粟地。他在调查报告中谈到罂粟种植在中国已是一个公开的秘密。他第一次去陕西时发现了 998 片罂粟地。第一次到甘肃发现了 595 片罂粟地，第二次则高达 2036 片。（郑曦原：《共和十年》，当代中国出版社，2011 年 8 月版，412—416 页）鸦片泛滥的结果是，农民除自身染上烟瘾外，家里的日子甚至更糟，无法正常地把日子过下去。

普遍的贫困，明显的恶化趋势的社会秩序，政府机构下移，使得乡绅开始看重乡村政权的职位，投入直接的社会管理当中。对于农民来说，对权力压迫的忍受力在直线下降，农民们敌视那些比他们生活好点的人，稍有火星就会燃起大火。（张鸣：《乡村社会权力和文化结构的变迁》，陕西人民出版社，2013 年 3 月版，51—52 页）

四十五　山西一地的“村本政治”

谈到“山西王”，人们大多会想到阎锡山，这个在34岁就掌握山西军政大权的军阀。

阎锡山给人的感觉是求稳图变，他以“保境安民”作为他的基本原则苦心孤诣地经营着山西，又不允许别人染指；图变是说他关注社会思潮，不僵化。这些表现都和他早年的留洋经历有关。

他从1918年开始在山西推行“村本政治”，核心就是“用民”，动用老百姓的聪明才智。1917年他提出仿效日本，在村一级设立“干部”。设置了村长、村副。村下设闾，闾下设邻，设置闾长、邻长作为长官。这些所谓“村官”都有省政府发放补贴。在农村行使行政和警察职能。运行“六政三事”，即水利、植树、蚕桑、禁烟、天足、剪发和种棉、造林、畜牧。一边融合社会改造，一边发展山西农业。鉴于一县区域的问题，村的数量也多，所以1918年又增设区一级行政，各县分设3至6区，设区长1人，雇员2人，并适当配置区警数人。区长由省府任命，署理县交办事项，督促村行政事务。

区村制度的实质是通过形式上的军国主义、警察化的行政和发展农业国家资本主义，来发展山西的经济。通过严密的行政网络进行有效的统治，成立“行政人员训练所”训练民众，编印宣传资料、颁布村制规章，划定村界。

阎锡山从1920年邀请各地学者在太原进山会馆办了一年多的学术讲座，不断改进他的社会实验。阎锡山试图以村镇作为施政的基本单位，每三百户作为一个编村，不足的村与其他村联合设立编村。最终还是以自然村为单位。每村还成立村公所和各种村组织，成立息讼会、监察会等。这种社会组织是通过自上而下的方式建立起来的，只是负责人必须经过村民选举，这是比较民主的做法。各种组织配合村公所进行调查，清查十种违规的人，登记在册，进行感化。1917年由阎锡山倡导，在太原成立了“洗心社”总社，各地广泛设立分社组织。使用一种近似基督忏悔的方式，并宣讲有关阎锡山的讲话、训令并施行文化教育。对于感化不起作用的人，采取监视、取保、管教措施，甚至送到“新民工厂”去进行强制劳动。为有效地执行这些制度，阎锡山还以村为基础单位，将一些军官和士兵派回原籍组织保卫团。所有18—35岁男丁都要入团接受军事训练，负责保卫村庄、维持地方治安。保安团形成类似准警察的体系，20世纪30年代保卫团丁数量达到了55万。

阎锡山对山西村治的设计，部分地吸收了三权分立制度。村民会议议事，村公所执行，村监察委员会纠举。在各界提倡守法，制定法律性规范。在民国时代，首先把养民蓄民思想带入村政改革，重视儒家入世和个人政治愿景的重构，创造“人人无讼，家家有余”的乡村社会，阎锡山无疑可称民国第一人，也引发了民国时代效法和研究地方自治的热潮。

阎锡山的村政改革，历经 1920—1927 年，发挥出了巨大的作用。一是积聚了财富用于以军工企业为主的工业建设，此后甚至可以和武汉军工厂相比较，拥有电气厂、炼铁厂、火药厂、兵工厂等；二是农村行政警察网络将分散的人力、财力和物力有效地汇聚起来用于山西建设。但由于处于落后的农业地区，到最后可能形成一种变相的军事警察农奴制，走不下去成为很自然的事。（张鸣：《乡村社会权力和文化结构的变迁》，陕西人民出版社，2013 年 3 月版，70—81 页）

四十六　从政党政治到一党政治

从 1913 年掀起“二次革命”到 1924 年改组国民党，孙中山先生一路走来，也一路坎坷，最终学习苏俄，“以党治国”，实行一党政治。有人评价这是开了中国近代一党专政的先例。也有学者认为其政党思想具有鲜明的革命性，为中国革命和建国事业进行了伟大尝试。

西方多党制形成的原因主要是由于资本主义商品经济的竞争引起的。资产阶级是复杂的不同利益集团和附着在利益集团之上的各种政治派别。党派之间时而利用、时而竞争，成为政党政治的常态。政党间长期竞争形成势力相当的主要政党，或联合执政或结成政党联盟轮流执政。

资产阶级政党应民主政治而产生，是指导人民进行革命并维护政权的桥梁，是人民觉醒的标志。政党作为中国人民反抗封建专制的产物在近代中国出现，是中国人开展反封建斗争和建设民主法制社会的必然选择。

1894 年出现的兴中会，虽然有组织章程和行动纲领，但是缺乏群众基础，也不足以组织政府和实行民主政治，只是一个资产阶级革命团体。1905 年产生的中国同盟会，已经是一个资产阶级政党。尽管只称其为“会”，就像章开沅先生所评价的那样，称其为政党的标志在于产生了一个伟大的革命领袖孙中山，具有政党的组织和明确的革命纲领——三民主义。

1912 年以后，在近代中国出现了多党政治的局面，大家都在追捧多党议会制。同盟会也纠集统一共和党等小党派组织国民党，参与政党政治。同盟会不仅由秘密状态转变为公开政党，而且发展地方自治、厉行种族同化，将三民主义演变为民生的一民主义，壮大组织却降低了革命性。

民国初年的政治舞台上，革命、立宪和军阀三种政治势力围绕政权所展开的斗争是异常激烈的。国民党在议会大选取得胜利，极大地增强了国民党人进行政党政治的信心。孙中山尽管赞同西方的政党政治，但中山先生并不热心于政党政治。“二次革命”失败后，袁世凯一方面指使亲信党徒组织社会团体为其窃国鼓噪摇旗；另一方面大力支持立宪派政党团体，以其为工具与革命派进行争斗。袁世凯先是“以党治党”，其后下令解散了国民党。1915 年 10 月，袁进而废除多党议会政治，实行君主立宪。

1914 年，中华革命党成立，孙中山先生重回革命阵营，“扫除专制政治、建设完全民国”，并确立了军政、训政、宪政三大时期。（孙中山：《中华革命党总章》，《孙中山全集》第 3 卷，中华书局，1984 年版，97 页）

对于孙中山来说“革命党”与“政党”是有区别的。中华革命党的成立，既是对组织的纯洁，也代表着孙中山政党思想的转变。孙中山看到了净化组织的作用，看到了宣传的作用，提出了“以党治国”的方案，提出了以党治军的政治原则。

1924 年 1 月，国民党一大上，孙中山强调要把国民党改造成一个有力量的政党，然后再用政党的力量来改造国家。孙中山否定了代议政治，也否定了西方两党轮流执政的政体，认为中国应该学习苏俄实行“人民独裁政体”。孙中山提出以党治国、政党合一的建国模式，反映了他已经开始认识到革命政党掌握国家机器的重要性。

1924 年，中国国民党一大的召开成为国民党历史的重要转折点。列宁主义政党组织模式的引入，“以党建国”“以党治国”理论逐渐定型，中国国民党成为一个全国性的政党。中国国民党在中国执政以后，从来没有建立起严密和强大的组织体系，支撑政权的力量只是凭借军人和武力，所以控制力未能深入社会内部，在人员构成上多网罗社会权势力量和具有权势潜能的人进入党部。

中国国民党的组织和影响力未能深入社会底层和社会生活的方方面面，蒋介石只是凭借强化的秘密组织打造着国家机器。美国学者易劳逸评价：“在独裁的外观之下，其权力很大程度上来自对一支占优势的军事力量的控制。”（王奇生：《党员、党权与党争》，上海书店出版社，2003 年 10 月版，358 页）孙中山去世之后，中国国民党陷入党统、路线、中央和地方权力之争的漩涡中，蒋介石本人最终以军权控制党权，发挥军事统制作用。中国国民党后期没有真正仿效苏俄党治，党权在基层日趋弱化，以军队统一政治和控制党务。

蒋介石政权在很大程度上抛弃了孙中山先生的三民主义理念。一党政权的独占和民主宪政互相矛盾，而且缺乏自己的社会阶级基础，特别是在舍弃了“扶助农工”政策之后。以党治国不失为一种加强国家统治权威的有助于社会稳定的制度，中国国民党的党力薄弱，缺乏群众基础，只凭借军力统治无可避免地最终陷入独裁统治的境地。

四十七　鲁迅笔下的中国国民性

对国民性的改造，最早提出思路的是梁启超，他认为“中国民气散而不聚，民心默而不群”，所以提出“新民说”，以求把中国国民改造成具有国家意识、公德意识和尚武精神的现代公民。（张宏杰：《中国国民性演变历程》，湖南人民出版社，2013 年 5 月版，249—252 页）

梁启超提出了“欲新民，必自新小说始”的思路。鲁迅作为新一代知识分子的代表，海外经历使他对西方文化的了解更为深入，同样作为文化决裂论者，他认为需要对传统文化进行批判性继承。新文化运动的阵坛上，文学家们普遍认为传统文化比西方文化落后，已经变得完全过时而无用。

鲁迅先生认为人们的国民性中有着祖先遗传下来的病毒，“民族根性造成之后，无论好坏，改变都不容易。”鲁迅针对传统文化缺乏活力、压抑人的个性生命力和创新的状况，主张要看外国书籍，读起来与人生发生触碰，产生做事的冲动。

民国“共和”招牌下的政治运作，特别是军阀混战连连的事实，使人们看到了“先进政治制度”与国人素质间的极大不适应。辛亥革命之初，鲁迅对新民国充满期待。其后的事实使他失望异常，“见过辛亥革命，见过二次革命，见过袁世凯称帝，张勋复辟，看来看去，就看得怀疑起来，于是失望，颓唐得很了。”（鲁迅：《鲁迅全集》（第五卷），人民文学出版社，1973 年 12 月版，49 页）

鲁迅提到用文艺唤醒人的灵魂。其后从 1918 年发表《狂人日记》开始，鲁迅进行了二十年的“国民性改造”工程，用小说杂文当作投枪匕首，用犀利“毒辣”的文笔，创作了大量作品。

鲁迅先生认为中国传统文化影响下国民性格充满了奴性色彩，逆来顺受、愚昧卑怯。《坟》一文中称中国人从没有争到过人的价格，至多只是奴隶而已。《祝福》中的祥林嫂沦落为命运悲惨的底层妇女，口头呓语般的“我真傻”成了她人生被摧残殆尽后的真实写照。《阿 Q 正传》中精神胜利法成为阿 Q 一类人愚昧麻木、自欺欺人的性格特征。《故乡》中少年闰土随着生活的变迁步入中年，经济和精神上陷入双重的贫贱之中。

在鲁迅的作品中也不乏提到冷漠的看客，他们在强势面前只愿做沉默看客，麻木不仁。《药》一文中观看烈士夏瑜被砍头的看客。伸长鸭颈的看客也出现在了日俄战争中处决中国“间谍”的刑场上。也因此触动鲁迅在 1906 年由日本仙台前往东京弃医从文。1919 年鲁迅先生在《热风》中，称中国臣民只会拿别人做赏玩，拿自己做幸免。1923 年《娜拉走后怎样》一文称中国人永远是戏剧的看客。

鲁迅将梁启超的“以小说塑造新人”渗透在文艺当中，产生了巨大的影响。只是经过鲁迅一代人的努力，中国国民性并没有起到立竿见影的“立人”效果。先生对国民性的批判之声越来越激烈。

鲁迅既看到了民众的正面力量，比如 20 世纪 30 年代他在《门外文谈》中阐明劳动实践对文化艺术的作用，陶醉于大众文学的“刚健清新”，认识到新的社会的创造者是无产阶级。他又看到民众的可启蒙性：1925 年，他在《再论雷峰塔的倒掉》中言指中国被批判的国民不包括四万万同胞的全部；1934 年，他在《中国人失掉自信力了吗》一文中明确指出，国民性批判直指的中国人只是一部分。

只是事实上的努力也让鲁迅深感国民性特别是知识分子的某些方面有越来越坏的趋势。1927 年，他曾说广东的青年或投书告密或助官捕人，使自己的思路因此轰毁，不再无条件地对知识青年表示敬畏。1933 年，他认识到现时的青年更看重目前利益，城府也深。相对来说，鲁迅对知识分子的否定成为更重要的方面。这种否定性认识既是对封建卫道士的否定，也是对作为觉醒者难克服之弱点的批判，这种否定与对民众的肯定又是并存的。

苏俄建国后，鲁迅受苏俄“劳工神圣”思潮影响，逐渐接受了“阶级斗争论”，认可苏联的存在和成功。由于受到苏联知识分子政策影响，他不可避免对知识分子产生过一定的偏激情绪。鲁迅先生看到了民众的革命和激烈的政治变革，从而反对政治改良，最终告别了用思想革命来改造国民性的努力。

四十八　胡适的国民性改良思路

在五四运动之前，胡适对国民性的观点与鲁迅别无二致。胡适在《胡适自传》中曾说在国民性问题上，受最大影响的是梁的《新民说》。1904 年，13 岁的胡适来到上海，当他有幸连续读到梁启超的文章时，便推动少年胡适转到了旧书堆以外的新世界。

胡适评论无论帝制、共和，没有国民性作为先决条件，都不能救中国。他认为要先训练好国民性，才能进行民主政治建设。只是在当时的社会状态下，即使拿到了国民性训练的合格证照，中国民众也不会被允许登上民主政治这辆机车。

胡适在上海公学期间，曾为《竞业旬报》撰稿，通过白话文教育国人革除陋习，做时代的新国民。他曾批评国民缺乏爱国家的观念，他曾盛赞少女贞德的爱国心，很希望国民起来救国。（胡适：《世界第一女杰贞德》，《竞业旬报》，1908 年 9 月 16 日第 27 期）他在《爱国》一文中主张国人都知晓爱国，这样才会不受人欺，国家才会强大。回国后的胡适在《信心与反省》一文中说信心是一个民族生存的基础，赞赏青年们对于国家民族前途抱有的信心。他认为中华民族最伟大的地方就是学习，不肯学人家的好处的时候，文化也就不能进步了。“播了种一定会有收获，用了力绝不至于白费”，胡适推崇公民应该树立信心。

五四以后，胡适的思路由“国民性决定论”转向“制度先行论”。胡适开始认识到民主制度的启蒙和教育比单纯的宣传更具效果。

胡适说，美国公民生在民主的空气里，在制度的熏陶下，掌握了民治国家公民应具备的制度知识，远比我国国民读报纸学政治高明得多。民国初年，社会上流行国民性造成民主制度运行不良的看法。胡适认为新型政治制度在中国刚开始运转，不畅是很自然的事。民主政治这架在西方运行两千年的机器，进入中国没有经历一定时日的磨合和改造，一下子轻车熟路般地运转起来，反而不正常。这是因为时间和经验造成的。（张宏杰：《中国国民性演变历程》，湖南人民出版社，2013 年 5 月版，261—263 页）

1923 年，发生了曹锟贿选事件，举国哗然。但在愤怒之余，胡适并没有产生否定代议制的想法。他认为在民主政治之初出现这样的问题是正常的。他举出日本民主进程中的实例，说日本第一次选举议会，具有选举权的不过全国公民的百分之一。四十年后，日本男子公民完全实现了普选。他说民主本身就是一种公民教育，他的选票今天拿去买卖，总有将来不肯卖的时日。不给他选票，他将来连卖票的本事都没有。胡适认为，卖票说明这一票还是有用的，中国的民主政治注定从卖票和打架开始，一定要迈出这关键的第一步，再去进行渐进的改良。

胡适认为中国的问题只进行激烈的道德批判，达不到应有的效果。单纯政治解决不了道德问题，单纯道德也解决不了政治问题。通过好的制度可以约束人性，有助于塑造好的国民性。这是必须采用双向决定的问题。个人的生活脱不了社会的影响，不改造社会，改造国民性是不可能的。

四十九　中国近代化的真正路途

鸦片战争后，中国人一直在寻找救国的路径，从思想上去战胜自己，然后去不断尝试。社会的演进，当西方文明与东方文明开始剧烈撞击的时候，近代知识分子的忧思已经超越了古代士大夫的家国情怀。

皇帝和社稷的安危，已经被国家和民族的安全所超越；农本主义的太平愿景已经被民主主义的深重危机所超越。

第二次鸦片战争的烽火已经打碎了这个国家的平静。1840 年之后十年，西方的战舰继续冲击古老帝国的大门，官员们纸醉金迷的沉沦之后，林则徐瞭望西夷的告诫已经成为事实。

19 世纪，英国人已经获得了强大的技术力量，西方文明足以战胜封建意识仍旧浓重的东方帝国。18 世纪已经成为欧洲头号强国的英国成为大清帝国最危险的敌人。

海外殖民地成为英国的原料工厂，同时也必须成为它的销售市场，英国率先完成了工业革命。以蒸汽机和轮船为代表的新发明和新技术推动了英国的工商业迅猛发展，“世界工厂”占据了世界的经济霸主之位。

蒋廷黻先生说：“中西的关系是特别的。在鸦片战争以前，我们不肯给外国平等待遇；在以后，他们不肯给我们平等待遇。”中国习惯于自给自足的自然经济，外国要发展资本主义，也要求我们强行适应资本主义对世界市场的冲击。

鸦片战争之后中国人才真正知道海外也有“洋夷”。19世纪中叶后，中国人也才真正知道“洋夷”比我们厉害，我们诚惶诚恐地改称其为“洋人”甚至“洋大人”。

继续依靠关起大门来维持大清帝国固有的秩序和尊严，已经不可能。中国人具有强烈的民族感情，也从这个时候开始民族情感上升为第一位。开明官僚打破了老祖宗的规矩，我们也办洋务。于是三十年洋务应运而生。遗憾的是洋务运动只是一场打补丁式的改革，只有修补的意识，没有改革的观念。从此，我们也有了轮船、工厂、电报、海军，在一些方面也办得风生水起。但是最终和西方一比，我们还是差很多。究其实质，我们没有学习西方的政治制度，更没有进行制度变革。

如果说一般民众只会对西方的侵入停留在愤慨和不安的感情状态，真正推动老大中国在思想上不断进步的当属知识分子。

一百多年的抗争和思索，中国思潮大致分成保守主义、自由主义和激进主义。其中，保守主义主张在弘扬中国的传统文化的基础上有选择地接受西方的经验。自由主义对中国的改革持比较温和的改良姿态，倡导个人自由、政治民主。

激进主义既否定中国的传统文化，对西方学说持批判和怀疑的态度，主张以革命的方式建立全新的社会。只是三种思潮既会发生激烈争论，也会在一定程度上融合，而且对于个人知识分子来说随着时局的变迁其思想也会发生改变。（何晓明：《百年忧患》，东方出版中心，1997 年 6 月版，69—72 页）

19 世纪 60 年代，最早放下“天朝上国”的面子主张学习西方的是冯桂芬，他在《校邠庐抗议》中提出“以中国之伦常名教为原本，辅以诸国富强之术”。随后的王韬、薛福成等人通过阐明中西、古今因素的主从关系，主张发展科技、振兴商务、建立新式学堂，并推动了洋务运动的发展。洋务运动既是保守主义的产物，也是中国走向世界的最初尝试，“中体西用”思想经过洋务大员张之洞的宣传成为一时传播的流行思潮。19 世纪 90 年代以后的“国粹派”和 20 世纪 20 年代的“新儒家”都是保守主义的代表，章太炎、梁启超、张君劢、梁漱溟、冯友兰等人都成为复兴儒学的国学大师。

19 世纪 90 年代，开启中国自由主义现代化探索的是严复。他提出鼓民力、开民智、新民德，从而实现个体的真正自由，被尊为“中国西学第一者”。戊戌运动期间，严复为自由主义的若干理论奠定了基础。新文化运动成为自由主义的黄金时期，与保守主义、激进主义共同开启了一个思想自由的时代。作为自由主义的典型代表，胡适主张要向西方自由化学习，系统地阐发了点滴的改良主义主张。

激进主义对传统文化和资本主义文明都持批判态度。又分为以刘师培、师复为代表的无政府主义、以孙中山为代表的革命民主主义、以陈独秀为代表的科学社会主义。五四运动以后，科学社会主义的影响与日俱增，而且成为引导中国走向光明的理念共识。

在长久的封建帝国统治下，国家的田赋是主要收入，很多时候还是入不敷出。像在大清帝国的1166年（乾隆三十一年），国家总收入四千万两白银，其中属于田赋收入的是三千二百万两。（胡绳：《二千年间》，北京出版社，2016年8月版，153—156页）

农民问题逐渐成为革命的关注点，从19世纪60年代的反洋教斗争将农民推上风口浪尖，农民成为捍卫乡村利益的自发势力，义和团运动也因此成为农民爱国反教斗争的最高潮。对这个群体关注较早的是孙中山，他的三民主义中民生一节就提到平均地权的主张。但最早把中国革命看作是农民战争的特殊形式，把农民看作是时代革命的主要依靠力量的人是毛泽东。正是无产阶级革命党人不断地探索和奋争，将马克思主义与中国农民的土地问题相结合、与中国工人阶级的斗争相结合，通过领导工农联盟，最终取得了中国新民主主义革命的最后胜利。

参考书目

陈平原：《中国大学十讲》，复旦大学出版社，2002 年版。

姜朝晖：《民国时期教育独立思潮研究》，中国社会科学出版社，2008 年版。

李新等主编：《中华民国史》，中华书局，1982 年版。

李新等主编：《中华民国史》，中华书局，1987 年版。

沈岩：《船政学堂》，科学出版社，2007 年版。

夏东元：《洋务运动史》，华东师范大学出版社，1992 年版。

熊月之：《西学东渐与晚清社会》，上海人民出版社，1994 年版。

严复著，王栻主编：《严复集》，中华书局，1986 年版。

郑师渠、史革新、刘勇主编：《文化视野下的近代中国》，中国传媒大学出版社，2009 年版。

朱有瓛主编：《中国近代学制史料》第 1 辑上册，华东师范大学出版社，1986 年版。

朱有瓛主编：《中国近代学制史料》第 2 辑下册，华东师范大学出版社，1987年版。

朱有瓛主编：《中国近代学制史料》第3辑上册，华东师范大学出版社，1992年版。

朱有瓛主编：《中国近代学制史料》第4辑上下册，华东师范大学出版社，1993年版。

吴荔明：《梁启超和他的儿女们》，上海人民出版社，1999年版。

夏晓虹：《阅读梁启超》，生活·读书·新知三联书店，2006年版。

岑大利：《中国历代乡绅史话》，沈阳出版社，2007年版。

傅国涌：《大商人：影响中国的近代实业家们》，中信出版社，2008年版。

（日）佐藤铁治：《袁世凯传》，安徽人民出版社，2012年版。

（清）李鸿章撰，顾廷龙/叶亚廉整理：《李鸿章全集·电稿》（1—3册），上海人民出版社，1985年版。

（澳）雪珥：《绝版甲午》，文汇出版社，2009年版。

戚其章：《甲午战争史》，上海人民出版社，2005年版。

戚其章：《国际法视角下的甲午战争》，人民出版社，2001年版。

（美）斯特林·西格雷夫著，秦传安译：《龙夫人：慈禧故事》，中央编译出版社，2005年版。

隋丽娟：《隋丽娟说慈禧》，中华书局，2007年版。

孔祥吉：《康有为变法奏议研究》，辽宁人民出版社，1988

年版。

茅海建：《戊戌变法史事考》，三联书店，2005 年版。

马大正：《中国边疆经略史》，中州古籍出版社，2000 年版。

［美］巴菲尔德著：《危险的边疆》，江苏人民出版社，2011 年版。

孙中山：《中国之铁路计划与民生主义》，《孙中山全集》第 2 卷，中华书局，1982 年版。

马平安：《晚清变局下的中央与地方关系》，新世界出版社，2014 年版。

孙中山：《中华革命党总章》，《孙中山全集》第 3 卷，中华书局，1984 年版。

王奇生：《党员、党权与党争：1924—1949 年中国国民党的组织形态》，上海书店出版社，2003 年版。

张宏杰：《中国国民性演变历程》，湖南人民出版社，2013 年版。

鲁迅：《鲁迅全集》（第五卷），人民文学出版社，1973 年版。

何晓明：《百年忧患》，东方出版中心，1997 年版。

胡绳：《二千年间》，北京出版社，2016 年版。

张鸣：《张鸣说民国》，中国工人出版社，2013 年版。

孙中山：《改造中国之第一步》，《孙中山选集》，人民出版社，1981 年版。

黄修荣：《国共关系七十年》（上卷），广东教育出版社，1998 年版。

张鸣：《军阀与五四》，广西师范大学出版社，2010 年版。

张鸣：《重说中国近代史》，台海出版社，2016 年版。

张鸣：《辛亥：摇晃的中国》，广西师范大学出版社，2011 年版。

张鸣：《乡村社会权力和文化结构的变迁》，陕西人民出版社，2013 年版。

闾小波：《中国近代政治发展史》，高等教育出版社，2003 年版。

林家有：《孙中山与中国近代化道路研究》，广东教育出版社，1999 年版。

马勇：《百年变局》，中国工人出版社，2015 年版。

马勇：《中国历史的侧面》，光明日报出版社，2014 年版。

马勇：《大变革时代：1985—1915 年的中国》，经济科学出版社，2012 年版。

梁启超：《欧游心影录》，商务印书馆，2014 年版。

梁启超：《痛定罪言》，《梁启超全集》（第九卷），北京出版社，1999 年版。

梁启超：《饮冰室合集集外文》上册，北京大学出版社，2005 年版。

梁启超：《饮冰室合集》之十九，中华书局，1989 年版。

吴贯因：《丙辰从军日记》，《梁任公先生年谱长编初稿》第七册，上海人民出版社，1983 年版。

陈旭麓：《近代中国社会的新陈代谢》，上海社会科学院出版社，2012 年版。

胡适:《五十年来中国之文学》,《胡适文集》(三),北京大学出版社,1998 年版。

张海鹏主编:《中国近代通史》,江苏人民出版社,2007 年版。

汪敬虞:《中国近代工业史资料》第二辑下册,科学出版社,1957 年版。

许涤新、吴承明主编:《中国资本主义发展史》第二卷,人民出版社,1990 年版。

来新夏:《北洋军阀史》,东方出版中心,2011 年版。

吴宗国:《中国古代官僚政治制度研究》,北京大学出版社,2004 年版。

康有为:《请断发易服改元折》,《康有为政论集》(上册),中华书局,1998 年版。

许纪霖:《家国天下》,上海人民出版社,2017 年版。

沙培德:《战争与革命交织的近代中国》,中国人民大学出版社,2016 年版。

萧功秦:《危机中的变革》,广东人民出版社,2011 年版。

郑曦原:《共和十年》,当代中国出版社,2011 年版。

郑曦原:《帝国的回忆》,生活·读书·新知三联书店,2001 年版。

杨天石:《国民党人与前期中华民国》,中国人民大学出版社,2007 年版。

杨天石:《晚清史事》,中国人民大学出版社,2007 年版。

王树增:《1901》,人民文学出版社,2011 年版。

汤志钧：《康有为政论集》上册，中华书局，1981 年版。

汤志钧：《章太炎年谱长编》，中华书局，2013 年版。

雷颐：《李鸿章与晚清四十年》，山西人民出版社，2008 年版。

邢超：《致命的倔强：从洋务运动到甲午战争》，中国青年出版社，2013 年版。

易中天：《帝国的终结》，复旦大学出版社，2007 年版。

马长虹：《民国国父孙逸仙》，九州出版社，2012 年版。

李剑农：《中国近百年政治史》，复旦大学出版社，2002 年版。

许寿裳：《章太炎传》，百花文艺出版社，2009 年版。

阎锡山：《阎锡山回忆录》，三晋出版社，2012 年版。